Fagulhas de uma Paixão

Rosana Aparecida Paiva de Oliveira

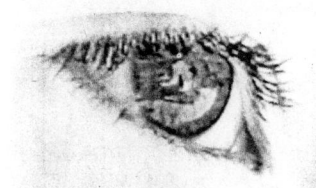

Fagulhas de uma Paixão

MADRAS

© 2006, Madras Editora Ltda.

Editor:
Wagner Veneziani Costa

Produção e Capa:
Equipe Técnica Madras

Revisão:
Augusto do Nascimento
Neusa Aparecida Rosa Alves
Carolina Caires Coelho
Daniela de Castro Assunção

**Dados Internacionais de Catalogação na Publicação (CIP)
(Câmara Brasileira do Livro, SP, Brasil)**

Oliveira, Rosana Aparecida de Paiva

ISBN: 85-3700-042-6

Fagulhas de uma paixão / Rosana Aparecida de Paiva Oliveira. — São Paulo: Madras, 2005.

1. Romance espírita I. Título.

05-9571 CDD-133.93

Índices para catálogo sistemático:
1. Romances espíritas: Espiritismo 133.93

Proibida a reprodução total ou parcial desta obra, de qualquer forma ou por qualquer meio eletrônico, mecânico, inclusive por meio de processos xerográficos, incluindo ainda o uso da internet sem a permissão expressa da Madras Editora, na pessoa de seu editor (Lei nº 9.610, de 19.2.98).

Todos os direitos desta edição reservados pela

MADRAS EDITORA LTDA.
Rua Paulo Gonçalves, 88 — Santana
CEP: 02403-020 — São Paulo (SP)
Caixa Postal: 12299 — CEP: 02013-970 (SP)
Tel.: (11) 6959-1127 — Fax: (11) 6959-3090
www.madras.com.br

Fagulhas de Uma Paixão

Ao estabelecer contato com seres de outras galáxias, experimentamos dentro de nosso ser uma inovação que dia após dia nos indica como trabalhar com mais facilidade e lidar com problemas aos quais, sem ajuda, certamente não resistiríamos e que nos levariam ao declínio de nosso espírito.

Muitos daqueles que nos cercam espiritualmente, apenas tentam nos auxiliar e apoiar em tudo o que se refere a lidar consigo mesmo e também com outros irmãos que igualmente passam diariamente por essa mesma dificuldade.

Sempre recebemos do astral a sustentação necessária para que não nos desvirtuemos de nossos caminhos preestabelecidos.

Muitos não os percebem, pois nem todos possuem a mesma sensibilidade. Mesmo assim, não deixam de receber seus fluidos benéficos, que fazem com que jamais desanimem.

Já era noite quando Viviane procurava apagar de sua memória o acontecimento daquele dia, mesmo sabendo que dali para a frente nunca mais conseguiria ser a mesma pessoa; teria de viver o resto de sua vida na esperança de que um dia, quem sabe, Roberto se arrependesse e voltasse.

Sempre teve medo de que algo de ruim acontecesse entre os dois e não conseguia sentir-se segura, o que de uma determinada maneira permitiu que as coisas chegassem ao ponto que chegaram.

Viviane e Roberto foram criados juntos e durante toda sua infância corriam e brincavam pelos corredores da mansão onde os pais dela residiam.

Família de muita posse, sempre foram agraciados com um belo patrimônio, muita saúde e desde cedo Clara e Gustavo colocaram a filha para estudar nos melhores colégios da cidade onde moravam. Viviane não via a hora de chegar os fins de semana para que, a mando de seus pais, o motorista fosse buscá-la para passar em sua casa seus dias de descanso.

Roberto, filho de Débora, governanta de Clara, também estudava, mas sempre que tinha uma oportunidade pedia à mãe para que o levasse para ver Viviane. Eram dias especiais para a jovem, que desde cedo já possuía, sem entender o porquê, um sentimento diferente em relação a Roberto.

A diferença de idade deles era de apenas três anos: Viviane estava com 14 e Roberto já caminhava para os 18 anos.

Ambos tinham os mesmos gostos em relação a quase tudo e talvez esse fosse o motivo por que apreciavam tanto um a presença do outro. Clara até então não havia percebido o quanto os dois se completavam e, como nunca havia tido muito tempo para dedicar à sua filha, muito pouco sabia sobre a vida dela.

Débora, mãe de Roberto, pessoa direita e honesta, sempre uma guerreira em relação à sua vida, com muita dificuldade conseguiu forças suficientes para lutar, após ter sido abandonada por seu companheiro enquanto ainda estava com dois meses de gravidez.

Sempre se sentiu em débito com Clara, a quem sempre teve como uma boa amiga e que, no intuito de ajudá-la, pagou vários cursos para que Débora se aperfeiçoasse ainda mais e depois a levou para trabalhar como governanta em sua casa.

De início, omitiu de Gustavo o estado em que se encontrava Débora, pois sabia que depois de tê-la como funcionária teria mais facilidade em auxiliá-la.

Procurou ela mesma cuidar dos papéis da admissão e assim que tudo estivesse pronto, após ter conseguido seu objetivo, pensaria em uma boa desculpa para dar a Gustavo, que se soubesse de tudo, certamente não a admitiria para não ter problemas posteriores.

Débora, que sempre morara na casa em que seus pais deixaram, procurou esconder ao máximo sua gravidez, mas quando completou cinco meses não mais conseguiu. Gustavo, sem entender, via que dia a dia Débora engordava, mas não se mostrava muito preocupado, pois sabia que ela vinha de uma família sem muitos recursos financeiros e certamente agora, convivendo a maior parte do tempo com eles, poderia fazer refeições mais reforçadas. Talvez esse fosse o motivo de seu aumento de peso.

Clara procurou Gustavo em seu escritório e disse-lhe que precisava falar-lhe com urgência. Ele, apreensivo, logo afastou de sua frente o trabalho e se fez ouvidos para a esposa, que tanto amava.

Ela lhe falou sobre tudo o que havia feito, e também que não estava arrependida, pois, com o passar dos meses, Débora mostrava-se cada vez mais eficiente perante tudo o que dependia dela. Cuidava da casa deles com muito carinho e dedicação e sempre estava pronta para qualquer esclarecimento que se fizesse necessário.

Gustavo ficou calado por algum tempo, pois achou que Clara não precisava ter escondido dele a verdade. Sem querer, sentiu-se magoado pelo fato de tudo ter acontecido às suas costas, mas enfim, já era um fato consumado.

Gustavo, sempre dono de um bom coração, jamais mandaria embora uma pessoa tão atenciosa e tão prestativa, que tinha grande responsabilidade e ainda mais esperando um filho e sendo sozinha no mundo...

Clara agradeceu-lhe, beijando-lhe as mãos e saiu da sala bem mais leve e feliz.

Dali em diante, tudo aconteceu normalmente. Com o passar dos dias, Clara pediu para que Débora vendesse sua casa e construísse uma outra em um terreno próximo ao dela, acrescentando que não se preocupasse, pois colocaria alguém para ajudá-la em tudo o que precisasse.

Débora, sabendo que podia confiar em Clara, não vacilou nem por um minuto: procurou o mais rápido possível colocar sua casa à venda, e após alguns meses a mudança de Débora já chegava na casa recém-construída.

Com muita alegria, ela colocava carinhosamente todas as suas coisas no lugar, sentindo que dali para a frente não estaria mais sozinha. O dia do nascimento de seu filho se aproximava e assim sendo, ficou muito mais tranqüila.

Um dia, enquanto trabalhava, começou a sentir as primeiras dores do parto e não sabendo o que fazer pediu ajuda a Clara, que também não tinha experiência e achou melhor ligar para o médico de confiança da família para que ele desse um bom atendimento a sua amiga.

Foram rapidamente pegar as roupas que estavam preparadas para uma eventual necessidade e seguiram para o hospital.

Débora sentiu vontade de pedir para que Clara ficasse ao seu lado, mas não o fez. Pensou que não tinha o direito e que nem mesmo deveria pensar tal coisa; ficou um pouco nervosa. Assim, as enfermeiras levaram-na ao apartamento e ela agradeceu a amiga por tudo, surpresa quando Clara disse que ainda era muito cedo para agradecê-la e que somente sairia dali quando ela estivesse com seu filho nos braços.

Débora, não agüentando o ímpeto, abraçou-a chorando e disse que nunca esqueceria tudo o que Clara estava fazendo por ela e disse-lhe também que se algum dia precisasse dela, fosse para o que fosse, poderia contar com sua ajuda incondicionalmente.

Após ter sido levada ao centro cirúrgico, Débora orou e pediu a Deus que olhasse naquele momento tanto pela sua vida quanto pela vida daquele filho que estava para vir ao mundo, pedindo ajuda para que tudo corresse bem... Adormeceu...

Após uma hora e meia, chegava uma das enfermeiras carregando o recém-nascido no colo, mostrando-o rapidamente para Clara que, quando percebeu, estava chorando.

Clara agradeceu aos céus por tudo ter corrido bem, esperou que Débora voltasse para o apartamento, disse-lhe algumas palavras e foi embora.

Não sabia por que se sentia tão apegada a Débora; era como se tivesse o controle de tudo o que pudesse ou devesse acontecer com ela.

Sempre quis ter uma irmã quando pequena, mas era filha única. Achava, no entanto, que poderia estar direcionando a ela o carinho e a afeição que sempre guardara na espera de alguém para entregar.

Já era noite, quando chegou em casa e percebeu então que Gustavo estava preocupado, pois ela havia esquecido de telefonar e explicar-lhe que pretendia ficar um pouco mais com Débora.

Após o jantar, conversaram rapidamente e tudo foi explicado da melhor maneira possível.

Gustavo, há algum tempo, pensava em aumentar a família; sempre foi de seu agrado que Clara tivesse um filho, porém, por motivo desconhecido, ela nunca engravidara.

Não tinham problemas financeiros e eram saudáveis; por vezes achava que poderia ser fator psicológico e nada mais; aproveitando, tocou mais uma vez no assunto, o que fez Clara se entristecer. Sem saber o que falar, Clara resolveu tomar um bom banho e deitar-se.

Gustavo percebeu, mas deixou a esposa à vontade, pois sabia que pressioná-la seria ainda pior. Quem sabe agora com uma criança dentro da casa ela não veria as coisas de uma outra maneira. Muito cansado após um longo dia de trabalho, recolheu-se em seu quarto para dormir.

Logo ao amanhecer, ansiosa pelo retorno do hospital para ver Débora e seu filho, Clara saiu da cama mais cedo que o de costume, procurou arrumar-se sem fazer barulho para não acordar seu marido, desceu e preparou seu café da manhã, sem mesmo esperar por ninguém.

Quando Gustavo acordou, percebeu que Clara já havia se levantado. Surpreso por não ser costume acordar antes dele, colocou seu roupão e desceu para ver se tudo estava bem com a esposa.

Ao chegar à cozinha, encontrou Clara tomando chá com torradas e, aparentando estar com muita fome, separava algumas frutas para levar.

Gustavo perguntou-lhe o que fazia tão cedo acordada e ela respondeu:

— Estou apreensiva com Débora; gostaria de que quando ela acordasse não se sentisse sozinha. Como não tem familiares por aqui, acho que devemos dar a ela todo o apoio possível, não acha?

Gustavo pensou um pouco e respondeu:

— Bem, eu sei o quanto é difícil nos sentirmos sozinhos, mas acho também que você tem dedicado muito mais tempo a ela do que a mim. Sinto muita falta de você, principalmente nas horas em que fico em casa sozinho, sabendo que você poderia estar ao meu lado se quisesse.

Clara, sorrindo, disse:

— Quem sabe assim percebe que não somente a empresa necessita de você? Quantas e quantas noites lhe espero para jantar e por muitas vezes acabo jantando sozinha e sem reclamar?

Gustavo não imaginava que Clara se sentisse só, pois sempre colocou em primeiro lugar a segurança e o patrimônio de sua família, ou seja, soube cuidar de tudo o que foi passado para suas mãos com muito amor e carinho. Sempre achou que ela se sentisse feliz ao saber que ele fazia de tudo para redobrar o patrimônio deixado por seu sogro quando de sua morte, anos antes.

Sem saber o que falar, por ter ficado surpreso, apenas pediu para que ela não voltasse muito tarde, e subiu para se trocar.

Naquele dia, Gustavo não conseguiu concentrar-se direito no serviço. Por vezes parecia estar com o pensamento voltado para Clara. Será que este era realmente o motivo de Clara não querer filhos? Quem sabe se ele procurasse ficar mais ao lado dela, não sentiria mais segurança e quem sabe seria mesmo melhor...

Não conseguindo concentrar-se, preferiu voltar para casa e tirar aquela tarde livre para poder ficar mais perto de Clara.

Ao retornar a sua casa, perguntou por Clara e soube que ela ainda estava no hospital com Débora. Depois de pensar, pegou seu carro e foi até lá ao encontro de sua mulher, aproveitando para fazer uma visita a Débora.

Quando chegou ao apartamento, bateu e entrou... Qual foi sua surpresa ao ver Clara com uma criança no colo!

Era uma cena tão esperada por Gustavo que se ele pudesse a congelaria em seus pensamentos. Quem sabe agora tudo melhoraria?

Clara surpreendeu-se ao ver Gustavo naquele horário em que deveria estar em seu escritório, mas ficou muito feliz com sua presença, assim como Débora, que agradeceu a ajuda recebida durante todo aquele tempo e disse que assim que possível voltaria ao trabalho.

Meio sem jeito, Gustavo disse a Débora que não se preocupasse no momento com aquilo; que, sem dúvida, assim que pudesse retornaria.

Demonstrando muita alegria, Clara pediu a Gustavo que permitisse que Débora e seu filho Roberto ocupassem o quarto de hóspedes em sua mansão, pois como ela não poderia ainda tomar conta de tudo sozinha, teria então em sua casa a ajuda necessária e não precisaria esforçar-se logo nos primeiros dias após o parto.

Gustavo, demonstrando muita compreensão, disse que não via problemas em, por um determinado tempo, eles ficarem em sua casa. Mesmo porque seria muito bom para Clara auxiliá-la no trabalho com o recém-nascido, e quem sabe assim ela pudesse adquirir experiência para o futuro.

Clara ficou um pouco corada, mas em seguida disse:

— O futuro a Deus pertence!

Débora nunca havia perguntado à amiga, o porquê de ela não engravidar. Possuía uma situação financeira estável e parecia amar muito seu marido. Ficou admirada pela resposta que Clara dirigiu a Gustavo, mas procurou mudar o rumo da conversa.

Gustavo ficou um pouco mais com elas, depois convidou Clara para ir embora com ele, já que Débora estava bem. Mesmo um pouco contrariada, despediu-se e saíram.

No caminho de volta, pouco se falou. Ele não conseguia entender o motivo de Clara ter respondido daquela maneira, mas preferiu mesmo assim deixar tudo como estava, para não complicar ainda mais.

Alguns dias se passaram. Logo Débora voltava para casa trazendo Roberto nos braços. Estava muito feliz, pois tinha mesmo de agradecer a Deus por ter colocado em seu caminho pessoas tão preciosas como aquelas. Esperou ainda algum tempo para retomar as suas atividades.

Débora sempre fez muita falta no direcionamento da casa. Clara por vezes parecia tão distante, sempre deixava coisas que poderiam ser resolvidas no momento para um outro dia, dizendo-se muito ocupada, e muitas vezes adiava decisões importantes.

Era como se Débora fosse uma luz dentro daquela casa e todos sabiam disso. Até mesmo os mais subalternos se entendiam melhor com Débora do que com Clara.

O tempo passava. Sempre que podia, Gustavo procurava ficar junto de Roberto, que já começava a dar seus primeiros passos, roubando, assim, a atenção de todos.

Clara não acompanhava tudo com a mesma alegria; sempre arrumava um motivo para não estar perto, procurava não participar daqueles momentos, parecendo sentir ciúmes dele com a criança, não entendendo o motivo pelo qual ao mesmo tempo em que gostava muito de Débora e de Roberto, sentia paralelamente um misto de ciúmes e raiva com relação a tudo.

Gustavo a cada dia parecia aproximar-se ainda mais do menino, que com o tempo passou a chamá-lo de tio. Sempre que podia, levava Roberto para sair com ele nos fins de semana, pois Débora confiava plenamente nele e nunca se preocupava quando saíam juntos, mesmo que demorassem.

Clara, por sua vez, já não conseguia esconder seus sentimentos em relação ao menino. Agora, dois anos depois do nascimento de Roberto, ela ainda se perguntava se teria realmente tomado a atitude certa em relação a tudo, ou se teria se precipitado em levá-los para dentro de sua casa.

De alguma maneira isso a incomodava. Débora, percebendo o problema, resolveu voltar a morar em sua casa, pois gostava muito de Clara e de repente achou que saindo de lá tudo com seu filho, tudo voltaria à normalidade.

À noite, durante o jantar, Débora avisou aos dois o que estava pensando em fazer e, mais do que depressa, Clara aceitou a idéia. Antes que Gustavo pudesse dizer alguma coisa, pediu para que ele a acompanhasse até seu quarto, pois sentia-se um pouco atordoada.

Preocupado, rapidamente levantou-se e acompanhou sua mulher. Notou mesmo que Clara ultimamente andava um pouco abatida. Quem sabe ela não estivesse alimentando-se bem?

Débora, sem saber o que fazer, após o jantar se recolheu para arrumar os seus pertences e os de Roberto, que, ainda não entendendo, divertia-se tranqüilamente com os brinquedos.

Clara sentia que com o passar do tempo Débora tomava conta de tudo o que era seu, primeiro como governanta da casa, depois com sua gravidez, agora Gustavo, sem perceber, não lhe dava tanta atenção como antes; preferia à noite ficar com Roberto na sala e nem notava a hora passar.

Aproveitando o fim de semana, Débora, com a ajuda de outros serviçais, levou seus pertences para sua casa. Roberto estranhou um pouco, mas por ser criança soube adaptar-se melhor à mudança, o que deixou sua mãe mais tranqüila.

Com a volta de Débora para casa, logo veio a necessidade de procurar alguém de confiança que pudesse tomar conta de Roberto para que ela pudesse continuar em seu trabalho com mais tranqüilidade.

Não demorou muito, encontrou uma jovem, que estava à procura de emprego e que preenchia todos os requisitos solicitados por ela.

No dia marcado para a entrevista, Juliana compareceu e, após conversarem por algum tempo, Débora percebeu que poderia dar certo: a jovem gostava muito de crianças, pois havia ajudado a cuidar de seus irmãos após a morte de sua mãe.

Não perdendo tempo, Débora acertou de vez a contratação de Juliana, que procurava esconder a alegria por ter conseguido o emprego, pois já havia alguns meses estava à procura de um, sem nada haver conseguido, talvez pelo fato de não apresentar referência, por nunca ter trabalhado fora.

Débora sabia que mesmo durante o dia, por trabalhar próximo a sua casa, teria condições de olhar de vez em quando o andamento das coisas em seu lar, mesmo porque, em breve poderia tranqüilizar-se ainda mais; iria procurar alguma escola onde Roberto pudesse passar a maior parte do tempo com outras crianças de sua idade. Gustavo, de início, estranhou muito o afastamento do menino. Procurava distrair-se com outras coisas, mas não se esquecia de Roberto. Não sabendo ao certo como fazer para ver o menino, pediu a Clara para que Débora deixasse Roberto passar o fim de semana na casa deles, pois assim conseguiria matar a saudade do garoto.

Clara passou a ter crises maiores de enjôos e desmaios seguidos. Seu marido, mesmo contra sua vontade, forçou-a fazer uma visita à clínica do dr. Fernandez, um dos melhores médicos cirurgiões da cidade e que sempre deu atendimento aos pais de Clara enquanto eram vivos.

Depois de passar por uma consulta e fazer alguns exames rotineiros, o médico constatou que Clara estava grávida, talvez por volta de dois meses de gestação. Gustavo não cabia em si de tanta felicidade. Abraçou sua esposa com sua maneira peculiar, demonstrando todo o carinho que sentia por ela. Clara percebeu que podia considerar-se uma mulher feliz, pois Gustavo sempre a cercou de muito amor e carinho.

Sem saber bem definir seus sentimentos, ela aceitou tudo normalmente, mas, embora devesse, não conseguia realmente sentir-se feliz com a gravidez.

Pensando melhor, talvez até tivesse chegado em uma boa hora. Quem sabe assim Gustavo se afastasse de Roberto, sabendo que em breve seria pai.

A caminho de volta para casa, Gustavo fazia tantos planos para a futura mamãe e também para a criança. Ela certamente chegaria ao mundo cercada de muito amor pelo menos da parte dele, pois era tanta felicidade que passava dentro do coração de Gustavo, que ele nem percebeu a indiferença oculta nos sentimentos de Clara.

Clara sempre pensou que uma criança transformaria seu corpo tão perfeito e elogiado por todos a vida toda, mas agora não sabia o que fazer, pois por um descuido deixou-se engravidar; sentiu muito medo, mas agora o que poderia fazer?

Sem que Gustavo percebesse, ela sempre evitou ter filhos, mesmo sabendo da importância que isso tinha para ele. Dentro de seu egoísmo, não percebia um filho traria a eles mais felicidade.

Clara se preocupava demais com sua silhueta, e por isso procurava afastar de sua mente a hipótese de ser mãe. Ela nunca se preocupou com os sentimentos de Gustavo, que achava que ela não conseguia engravidar por causa de algum problema de saúde. Pensou várias vezes em sugerir a Clara que fizesse alguns exames mais específicos, quem sabe assim pudesse descobrir o motivo de ela não engravidar, mas achando que ela poderia magoar-se, acabava deixando a idéia de lado. Sabia que Clara era jovem demais e que certamente teriam ainda muito tempo pela frente; era só esperar...

Clara não desejou estar grávida naquele momento, mas era um fato consumado e quase nada poderia ser feito. Quando ela completou quatro meses de gravidez, o dr. Fernandez pediu para que fizesse uma ultra-sonografia para ver ao certo o tempo correto de sua gestação.

Gustavo marcou então o exame para a esposa e não hesitou em afastar-se de seu serviço e acompanhá-la, pois sabia que Clara não tinha experiências anteriores e poderia ficar tensa, o que prejudicaria tanto ela como o bebê.

Pediu para que Débora mandasse entregar em seu escritório alguns documentos, pois deveriam ser analisados ainda naquela manhã, e em seguida foram à clínica.

Clara se mostrava tranqüila, pois até então não engordara muito. Sem que Gustavo soubesse, pedia para que Débora levasse as suas refeições em seu quarto, e quase nada comia para não engordar.

Qual foi a surpresa de ambos quando o dr. Martinez, médico encarregado da área de Ginecologia, perguntou se era a primeiro exame que faziam naquela gravidez, e Clara respondeu que sim.

O dr. Martinez, experiente em relação a isso, disse:

— Parece que vocês dois foram premiados duplamente.

Gustavo perguntou ao médico:

— Por que está dizendo isso?

O dr. Martinez, sentindo que Clara estava muito quieta, apreensiva e nervosa, esclareceu:

— O senhor vai ser pai de duas crianças; sua esposa está esperando gêmeos.

Nesse momento os olhos de Gustavo encheram-se de lágrimas, mostrando a emoção do amor e da alegria que sentia dentro de seu coração. Clara, com o susto, arregalava os olhos de uma maneira que quase saltavam da órbita ocular. Preocupada, disse ao médico:

— O senhor tem certeza disso? Não é possível que isso seja verdade, pois apenas uma criança era o que esperávamos, talvez esteja enganado.

O dr. Martinez percebeu o desequilíbrio de Clara, e como não sabia exatamente o motivo de ela ter reagido daquela maneira, disse apenas que aquele exame não deixava nenhuma margem de dúvidas.

Gustavo, tão feliz, não percebeu com que desespero Clara ouvia tudo aquilo. Terminando o exame, despediram-se e foram embora.

Já dentro do carro, Gustavo disse a Clara:

— Você nem parece estar feliz. Ou será impressão minha?

Clara, procurando esconder seus sentimentos mais íntimos, respondeu:

— Apenas me sinto apreensiva em relação aos meses que virão.

Gustavo achou que Clara estivesse apenas com medo, e, procurando deixá-la mais segura, disse:

— Você não se deve preocupar, afinal está nas mãos de um excelente profissional, de toda confiança, não tendo por isso o que temer, mesmo porque Débora estará a seu lado para ajudá-la em suas dúvidas sempre que precisar.

Clara permaneceu quieta, e Gustavo procurou não tocar mais no assunto. Sabia que com o passar dos dias ela ficaria menos assustada.

Chegando em casa, logo Débora foi ao encontro dos dois, perguntando sobre as novidades, mas Clara, friamente, continuou em silêncio e dirigiu-se ao quarto, de onde não saiu até o anoitecer.

Gustavo, sem entender muito bem, perguntou a Débora o que poderia ter levado Clara a ficar daquela maneira, mas a amiga percebendo a preocupação de Gustavo, disse apenas que quase todas as grávidas de gêmeos agem assim, pois acreditam que não conseguirão cuidar de duas crianças ao mesmo tempo.

Gustavo, estranhando a preocupação de Clara, pois não tinham problemas financeiros, sabia que, se Clara necessitasse, poderia colocar uma babá para ajudá-la durante o tempo que quisesse, mas enfim subiu e foi preparar-se para o jantar.

Nessa noite, como Gustavo estava em casa, Clara desceu na hora costumeira do jantar para acompanhá-lo.

Sabia que não deveria precipitar-se; ainda teria alguns dias para pensar no que estava acontecendo e não podia deixar que Gustavo percebesse nada.

Durante o jantar, era tanta alegria que Clara procurou mostrar-se mais solta e feliz para não magoar Gustavo, a quem muito amava.

Sempre se preocupou em um dia perdê-lo, não sabia o porquê, mas nunca sentiu Gustavo totalmente seu, mesmo ele demonstrando todos os dias muito amor e dedicação a ela.

Clara amou duas coisas em sua vida: em primeiro lugar, sua beleza e a perfeição de seu corpo; em segundo, Gustavo, com quem se casou por muito amor.

Como não se sentia segura na relação com Gustavo, mesmo estando casada com ele, temia ficar gorda e feia durante a gravidez, mas o que poderia fazer para evitar que isso acontecesse?

Clara não viu a hora de o jantar comemorativo acabar; naquela noite nem conseguiu entregar-se inteiramente a Gustavo, pois teve medo que se o fizesse ele pudesse perceber tudo e certamente não estaria preparado para entender.

Daquele dia em diante, Clara procurou mostrar-se mais alegre e feliz, pois, depois de pensar muito, achou melhor não despertar a atenção de todos sobre ela. Somente agindo normalmente teria a chance de sair à procura de alguém que lhe pudesse fazer um aborto, pois sabia que uma boa quantia em dinheiro compraria tudo.

Dois dias depois, recorrendo a visitas a várias clínicas ginecológicas, nada havia conseguido.

No quinto dia, dizendo sair à procura de enxoval para os bebês, Clara foi à procura de algumas clínicas que ficavam no subúrbio do Rio de Janeiro, e em uma delas encontrou Flávia, que lá trabalhava como recepcionista. Clara já estava para sair sem nada conseguir, quando Flávia a cercou e pediu para falar-lhe:

— Desculpe-me, mas a senhora está à procura de um lugar para fazer um aborto, não é verdade?

Clara ficou vermelha por um instante, mas em seguida respondeu:

— Sim, por que pergunta? Conhece algum?

Flávia olhou para trás com receio de ser vista por outros funcionários, e percebendo que ninguém a via, disse:

— Pegue meu cartão, e caso queira saber, ligue-me que poderemos almoçar em algum lugar para conversarmos melhor.

Dizendo isso, Flávia virou as costas e deixou Clara um pouco confusa. Ela saiu em seguida para arejar um pouco sua cabeça. Resolveu tomar um café em uma lanchonete próxima ao consultório.

Com receio de que alguém a visse, não demorou muito, e após ler calmamente o cartão, guardou-o em sua bolsa, saiu e rapidamente acenou para um táxi que passava pela rua naquele instante.

Quando chegou em casa, procurou ir para o seu quarto o mais rápido possível, pois se lembrou de que não tinha comprado nada e havia voltado com as mãos vazias. Caso Débora a visse, nem mesmo saberia o que dizer.

Na hora do jantar, esperou por Gustavo, que não tardou a chegar. Nos últimos dias a alegria era tamanha que Gustavo até contratara mais uma pessoa para ajudá-lo com seu serviço na empresa. Somente assim conseguiria fazer um pouco mais de companhia a Clara para que ela não ficasse muito sozinha.

À noite, quando se recolheram, Gustavo procurou Clara, mas ela, achando uma desculpa, disse que não estava sentindo-se muito bem e pediu a ele que a deixasse descansar.

Na manhã seguinte, Clara acordou logo cedo, o que não era seu costume, e acabou chamando a atenção de Débora, que mais do que depressa perguntou se a amiga estava passando bem.

Clara, percebendo o cuidado de Débora, disse-lhe que apenas iria sair pela manhã para caminhar um pouco, talvez até não almoçasse em casa, mas que ela não se preocupasse, que tudo estava bem.

Antes de sair, Clara havia ligado para Flávia, pedindo que a esperasse na lanchonete em frente, pois ela passaria lá e a pegaria.

Como estava um pouco cedo, Clara resolveu caminhar em um parque perto de sua casa, para poder colocar seus pensamentos em ordem. Tinha muito medo que alguém descobrisse suas verdadeiras intenções, mas achava realmente que não tinha outra saída.

O tempo passou. Clara então percebeu que estava na hora de pegar Flávia, ainda um pouco receosa, pois não a conhecia, e deveria confiar muito nela, senão tudo daria errado.

Por volta do meio-dia, Clara passava de carro em frente à pequena lanchonete e logo avistou Flávia à sua espera. Procurou parar o carro um pouco distante, para que ninguém desconfiasse de nada e também para que ninguém as visse juntas.

Em poucos minutos, com Flávia dentro do carro, seguiram para um restaurante bem afastado, para que pudessem conversar melhor.

Como já haviam combinado, Flávia não voltaria ao seu serviço naquela tarde, e, dando uma desculpa qualquer, conseguiu afastar-se de seu emprego sem muitos problemas.

Chegando ao restaurante, Clara disse a Flávia:

— Bem, agora estamos mais tranqüilas; acredito que possamos conversar à vontade.

— Você me disse que conhecia alguma clínica que faz aborto. Já soube de muitas pessoas que passaram por isso lá?

Flávia, mais do que depressa, respondeu:

— Sim, muitas, mas procurei falar com a senhora mais particularmente, pois se sabem que estou indicando outra clínica certamente ficarei sem o meu emprego. Como no momento estou com problemas de saúde em minha casa, pensei então que...

Clara, percebendo onde Flávia queria chegar, disse:

— Já entendi. Você quer dinheiro. Pois bem, eu lhe dou o dinheiro e em troca você me dá o seu silêncio, está bem?

Flávia percebeu que seria mais fácil do que imaginara. Sendo pessoa de má índole, procurou sempre trabalhar naquele tipo de clínica para usar do desespero de muitas pessoas que passavam por problemas parecidos e assim sendo conseguia tirar dinheiro delas.

Após acertarem uma quantia elevada, Flávia levou Clara para conhecer o lugar. Haviam combinado de, assim que Clara acertasse tudo, Flávia iria embora e não mais se encontrariam.

Chegando à clínica, para surpresa de Clara, que esperava uma espelunca qualquer, viu que era um grande hospital e também muito luxuoso. Certamente ali iriam cobrar-lhe muito dinheiro, mas por outro lado sentiu mais segurança ao saber que estaria bem assessorada.

Chegando à recepção, Flávia pediu para que chamassem o dr. Marcelo, que depois Clara ficou sabendo que era primo de Flávia.

Quando o médico cirurgião chegou à frente de Clara, ela estremeceu: estaria mesmo fazendo a coisa certa?

Com delicadeza, Flávia apresentou-a ao médico, dizendo:

— Esta é a paciente de quem lhe falei.

O dr. Marcelo pediu então para que Flávia aguardasse do lado de fora, levando Clara para seu consultório.

Após entrarem, sentaram e Marcelo foi logo explicando para Clara como tudo deveria ser.

Clara deveria ser internada naquele hospital, com um diagnóstico diferente, mas quando ele a levasse para o centro cirúrgico seria feito então o combinado.

Por outro lado, disse que já que ela havia escolhido aquela opção, melhor seria que fosse feito dentro de um bom hospital, pois assim teria muito mais segurança.

Clara pensou um pouco e resolveu marcar já para o meio daquela semana, pois não poderia esperar muito tempo; sabia que cada dia que passava a situação se complicaria ainda mais.

Acertando o valor, Clara saiu, despediu-se de Flávia e foi embora para casa. Seriam dois dias de longa espera.

Assim que chegou em casa, mais tranqüila, Clara, após tomar seu banho, desceu e, encontrando Débora na sala, perguntou por Roberto, pois já fazia muito tempo que ela não o levava até lá. Débora disse que seu filho estava em uma escolinha de manhã até à tarde, e apenas chegava em casa para tomar banho e jantar.

Débora prometeu a Clara que se eles fossem ficar em casa, traria Roberto para passar o próximo fim de semana com eles.

Clara agradeceu, e desceu até o jardim para colocar seus pensamentos em dia, e também para fugir de mais perguntas.

Quando Gustavo chegou, encontrou Clara sentada no jardim. Percebendo sua preocupação, convidou-a para entrar e pediu para que o esperasse enquanto se preparava para jantarem juntos como sempre.

Durante o jantar, Clara se mostrou mais descontraída, o que fez Gustavo não perceber nada do que estaria para acontecer.

No dia seguinte, Clara dormiu mais tranqüila. Poderia ficar mais sossegada: não correria mais o risco de ficar com o corpo imperfeito ou muito gorda e certamente estaria longe das celulites e das estrias que a gravidez de gêmeos havia reservado para ela.

Assim que acordou, desceu para tomar um belo café da manhã. Ouvia algumas músicas, quando Gustavo pediu para que ela o encontrasse na porta da empresa, pois ele queria levá-la para almoçar e depois procurar alguma coisa para comprar para seus filhos.

Sem saber o que fazer, pensou rapidamente e achou melhor ir ao encontro do marido, pois se não fosse naquele dia, quem sabe ele não deixaria para ir justamente no dia que ela havia marcado com Marcelo e caso isso viesse a acontecer, atrapalharia tudo. Arrumou-se rapidamente e saiu com seu carro ao encontro de Gustavo.

Clara dirigia muito bem, portanto Gustavo nunca se preocupou em que a esposa saísse sem o motorista da casa. Nem mesmo agora, pelo fato de ela estar grávida, seria motivo para que Gustavo se preocupar.

Estava frio, e a garoa era contínua. Mesmo assim, Clara corria muito, e de repente um carro em alta velocidade que vinha em sua frente, sentido contrário, derrapou e, não conseguindo controlar, o motorista inexperiente foi para cima do carro de Clara, que nem teve tempo de virar o volante, pois sua visão era ruim em razão da chuva.

Tudo aconteceu tão depressa que Clara pouco viu. Quando acordou estava em um hospital, com Débora a seu lado. Não via Gustavo, e, não conseguindo falar, desmaiou em seguida.

Débora, que fora avisada pela polícia do acidente, ainda não tinha tido tempo de avisar Gustavo, nem mesmo sentia forças para fazê-lo.

Mesmo sabendo que seria difícil, ligou para ele, que em poucos minutos estava junto de Clara.

Gustavo não se perdoava pelo fato de ter pedido à esposa para encontrá-lo na cidade; achava que se não houvesse pedido, ela não estaria naquele momento passando por tudo aquilo.

Débora e Gustavo esperavam angustiados o parecer dos médicos, sem saber ao certo o que havia acontecido com Clara, e também com os seus dois filhos.

As horas passavam e nada. Quando Gustavo ia falar com a enfermeira, o médico chegou.

Gustavo, com medo de saber a extensão do problema, perguntou:

— E então, doutor? Está tudo bem?

O médico estava meio receoso de falar, pois viu nos olhos de Gustavo muito medo; porém, achando que não deveria esconder nada, disse:

— O caso dela requer muito cuidado e cautela. O desastre abalou suas pernas, estamos no momento fazendo outros exames para termos um diagnóstico mais seguro sobre a paciente.

Gustavo, apreensivo, perguntou:

— E as crianças? Estão bem?

O dr. Fernandez, mesmo sabendo da importância daquela gravidez para Gustavo teria de dizer a verdade, mesmo ciente de que lhe causaria muita tristeza, pois além de cliente, sempre foram amigos. Reunindo forças, respondeu:

— Sinto informar a você que Clara perdeu os bebês, pois quando deu entrada aqui na clínica já havia perdido muito sangue e nada mais pudemos fazer para tentar segurar a gravidez.

Gustavo sentiu-se desfalecer; sabia que era sua culpa tudo ter acabado daquela maneira.

O dr. Fernandez pediu para que Gustavo o acompanhasse até o consultório, para saberem o resultado dos exames que haviam feito em Clara.

Entrando na sala, Gustavo, ainda com as pernas enfraquecidas, parecia não conseguir nem mesmo ficar em pé; sentou-se. Logo em seguida, um novo profissional da área de ortopedia entrou, e após cumprimentar Gustavo, sentou-se perto do dr. Fernandez.

Sem entender, Gustavo perguntou se Clara havia quebrado a perna, se precisaria de cirurgia. Com uma troca de olhares, sutilmente o médico que havia chegado tomou a palavra e disse:

— Sr. Gustavo, ainda não podemos ter um diagnóstico muito preciso, mas constatamos nos exames feitos em sua esposa que ela corre o risco de ficar paralítica, pois a sua coluna vertebral foi muito danificada.

Gustavo então, já aos prantos, disse:

— Não é possível, isso não pode estar acontecendo.

O médico, procurando deixar as coisas um pouco mais claras, disse:

— Quem sabe, com o passar do tempo, ela, com um bom tratamento e com contínua fisioterapia, não consiga caminhar, mesmo que não tenha as mesmas atividades de antes. Certamente já seria um bom começo.

Gustavo emudeceu. Sabia do amor que Clara tinha pelo seu corpo tão belo e cuidado, não conseguia ver sua esposa em uma cadeira de rodas; seria o mesmo que matá-la aos poucos. Sabia também que seu sonho de ser pai nunca mais se realizaria, pois soube que Clara havia passado por uma histerictomia, o que não a deixaria voltar a ser mãe mesmo que um dia melhorasse.

Pedindo licença, retirou-se da sala e saiu do hospital para poder respirar, pois era como se seus pulmões estivessem bloqueados, e sua respiração era quase imperceptível, diante de tanto nervosismo.

Débora, percebendo que Gustavo estava sentindo-se angustiado, que deveria estar querendo ficar só, afastou-se um pouco, mas sem muito se distanciar.

Aquele era um dos momentos de maior angústia e sofrimento na vida de Gustavo. Ele sabia que a probabilidade de que sua esposa voltasse a andar era muito pequena. De repente, sentiu o chão sumir debaixo de seus pés. Sem perceber, cambaleou um pouco, o que fez com que Débora se aproximasse para poder segurá-lo.

Gustavo, naquele instante, não via Débora como uma simples funcionária. Estava tão debilitado e desacreditado de toda a sua sor-

te que a abraçou, deixando então suas lágrimas rolarem para aliviar um pouco mais seu coração naquele ombro amigo.
Ficaram por um longo tempo juntos, sem nada dizer. Gustavo interrompeu aquele silêncio com uma pergunta:
— Como faremos agora, Débora? Não encontro forças para contar a ela toda essa triste realidade, que muito a fará sofrer!
Débora, com muito carinho e demonstrando também uma força espiritual imensa, respondeu:
— Senhor Gustavo, quem sabe realmente dentro dos princípios divinos o que na verdade Deus procura revelar-nos por meio dos grandes obstáculos e sofrimentos? Talvez tenhamos de aceitar tudo o que nos é oferecido sem nos rebelar, mas apenas nos resignar diante da suprema vontade d'Aquele que tudo pode, pois dia a dia nos oferece novas maneiras, para que possamos tirar melhor proveito e aprendizado. Quem sabe até mesmo nos ajude a sair vitoriosos das muitas provações pelas quais temos sempre de passar.
As palavras de Débora foram recebidas por Gustavo como um bálsamo energizante, trazendo-lhe uma força interior que até ele desconhecia.
Sem saber como, conseguiu tranqüilizar-se um pouco mais. Sabia, sem dúvida, que dentro de tudo que Débora havia dito havia uma mensagem de amor e de esperança que somente poderia vir de alguém com muita pureza de sentimentos.
Olhou para Débora e sentiu em seu olhar muita determinação e equilíbrio. Era como se seus olhos irradiassem para ele mais coragem e maior resignação diante de tudo aquilo que se estabelecera em sua vida em poucas horas.
Nesse instante, uma enfermeira avisava a Gustavo que Clara havia acordado e pedia a sua presença.
Débora, sentindo o olhar de desespero de Gustavo, procurando ajudá-lo ainda mais, disse:
— Vá... É melhor que não a deixe esperar muito, procure não lhe passar preocupações desnecessárias. Talvez seja melhor que não lhe diga a verdade no momento; espere mais. Assim, quem sabe, pouco a pouco ela se fortaleça; será melhor.
Gustavo não conseguiu responder nada. Virou-se e seguiu a enfermeira, que em poucos minutos o colocava diante de sua esposa.
Quando entrou no apartamento, Gustavo percebeu a extensão do problema causado pelo acidente. Clara estava com os olhos cheios

de lágrimas, nem mesmo conseguia movimentar-se, apenas ouvia, falava e quase não conseguia movimentar a cabeça.

Assim que pôde, perguntou a Gustavo o que havia acontecido, pois não se lembrava de quase nada, apenas sabia que estava saindo para ir ao seu encontro e depois... A chuva, enfim, tudo se confundia em sua cabeça.

Procurando ser forte o suficiente para tentar restabelecer a mente de Clara, Gustavo disse-lhe que houve um pequeno acidente, que um carro que estava vindo em direção oposta, perdeu o freio e derrapando bateu de frente com seu automóvel.

Clara, meio confusa, procurava juntar todas as palavras de Gustavo, mas ainda tinha muita dificuldade para raciocinar. Por alguns instantes permaneceu em silêncio; em seguida perguntou:

— Por que não consigo sentir a região da cintura para baixo?

Gustavo, achando melhor seguir os conselhos de Débora, sem olhar em seus olhos, respondeu:

— Talvez pelo fato de ser ainda muito recente, pelo trauma da batida, tenha ficado um pouco adormecido.

Clara, mediante a resposta de Gustavo, tranquilizou-se um pouco mais, e aos poucos voltava à sua memória o acontecido.

Em seguida, o dr. Fernandez entrava no quarto, para tentar dar apoio a Gustavo, pois sabia exatamente como ele deveria estar se sentindo.

Chegando mais próximo à cama, tentou sorrir, procurando demonstrar uma atitude mais profissional, e Clara, mais à vontade, perguntou:

— Quando posso sair daqui?

O médico, procurando deixar tudo caminhar sem maiores interferências, respondeu ainda sorrindo:

— Quem sabe daqui a alguns dias, caso você esteja melhor. Tudo dependerá de seu restabelecimento, pois mesmo indo para casa deverá retornar à clínica para fazer algumas séries de fisioterapias, até que fique melhor.

Clara, surpresa em saber que mesmo tendo alta deveria retornar ainda à clínica, calou-se um pouco e depois perguntou ao médico:

— Por que não consigo sentir da cintura para baixo?

O dr. Fernandez, então, procurando não desesperá-la ainda mais, respondeu:

— Certamente pelo fato de o impacto na hora do acidente ter danificado alguns ligamentos nervosos. É por isso que precisamos que volte para novos exames e tratamento.

Gustavo procurou manter-se calado durante todo o tempo em que o dr. Fernandez conversava com ela, mas não entendia o motivo de Clara nem por um segundo ter se lembrado de perguntar a respeito de sua gravidez, afinal eram seus filhos. Admirava-se diante do total desinteresse por parte dela.

Gustavo esperou até que o médico saísse do quarto, para perguntar a ele o motivo de Clara não ter ainda perguntado nada a respeito de sua gravidez. Seria possível que ela tivesse apagado aquele fato de sua memória? Como deveria agir em relação a isso?

O dr. Fernandez sabia, em seu íntimo, que aquele esquecimento nada tinha a ver com o acidente, mas como falar a respeito daquilo com Gustavo, sabendo que o magoaria ainda mais?

Como médico, deveria dizer a Gustavo toda a verdade, mas tinha-o também como amigo e esse lado certamente pesaria muito mais. Virou-se para Gustavo e respondeu:

— Talvez seja um esquecimento temporário, mas de qualquer maneira foi até bom, pois teremos mais tempo para que ela consiga se recuperar e fortalecer-se para enfrentar tudo o que ainda a espera.

Dizendo isso, o dr. Fernandez, com um cumprimento afastou-se, indo dar atendimento a outros clientes, deixando Gustavo pensativo.

Voltando para o quarto, logo à entrada lembrou-se que não tinha passado as notícias para Débora. Voltou então para a sala de espera e a encontrou no aguardo de notícias recentes. Sentou-se próximo a ela e com carinho relatou todas as informações que havia recebido dos médicos.

Débora escutou tudo em silêncio, e apenas disse a Gustavo que não se preocupasse, pois tudo tinha o tempo certo para chegar, e se havia perdido aquelas crianças, certamente foi porque Jesus assim havia determinado. Procurando fitar-lhe fundo os olhos, fez com que Gustavo observasse que nada que nos acontece é por acaso, e que sempre, sem margens de dúvidas, devemos tirar proveito de tudo o que Nosso Pai procura nos mostrar, mesmo que isso leve muito sofrimento ao nosso coração.

Gustavo, daquele momento em diante, fez de Débora seu porto seguro, pois não tinha mais ninguém com quem desabafar, também por se sentir muito mais fortalecido quando estava próximo a ela.

Convidando-a para entrar no quarto, saíram em seguida. Débora, que gostava imensamente de Clara, ficou muito triste ao perceber que seria muito doloroso para a amiga aceitar sua nova vida; sabia também que Clara nunca foi pessoa de muita fé, pois sempre encontrou a felicidade e também toda a força em sua aparência.

Sabia também que por isso mesmo teria muita dificuldade para trabalhar de agora em diante com Clara, pois já percebia intuitivamente que com o tempo a amiga ficaria muito revoltada, procuraria descontar em qualquer um o que lhe havia acontecido. Débora teria enfim, de ter muita paciência.

Enquanto olhava a amiga dormir, lembrava do tempo em que se sentia muito sozinha. Naquele instante agradecia a Deus por tudo o que a vida a havia ensinado durante as piores épocas de sua existência.

Nesse instante, Clara acordou e ficou muito feliz ao ver Débora junto a sua cama. Bem lentamente e baixo, disse-lhe:

— Ainda sinto muitas dores, apesar dos remédios. Será que não vão passar?

Débora pegou em suas mãos e afagando-as junto às suas, respondeu:

— Certamente, será tudo resolvido em pouco tempo, você verá.

Dizendo isso, afastou-se para dar lugar a Gustavo, que aguardava para poder ficar ao lado de sua esposa.

Era difícil para ele falar com Clara, pois tinha muito receio de deixar escapar alguma coisa que ela ainda não podia saber; apenas segurou as suas mãos. Em seguida, Clara adormeceu.

Gustavo pediu a Débora para que ficasse um pouco mais com Clara, pois ele iria para casa tomar um banho, comer alguma coisa, em seguida voltaria para o hospital, para que Débora também fosse descansar.

Débora levantou e sem que Gustavo esperasse apertou suas mãos e disse a ele que fosse tranqüilo, pois ela faria companhia a Clara enquanto fosse necessário.

Gustavo, agradecendo a dedicação de Débora, abaixou e beijou-lhe a mão, saindo em seguida.

Ele estava mesmo muito cansado, e durante o caminho de volta não conseguia nem pensar em nada, apenas dirigia. Chegando em casa, foi recebido por outros funcionários que esperavam por notícias de sua patroa. Gustavo reuniu-os na sala de estar e explicou tudo o que havia acontecido a todos e disse que daquele dia em diante precisaria ainda mais da ajuda deles.

Em seguida subiu para seu quarto, para se preparar.

Quando terminou, ao descer, notou que seu jantar já estava à mesa, pensou um pouco e mesmo sem fome achou melhor alimentar-se, pois talvez tivesse de passar acordado ainda muitas horas.

Sentou-se e, mesmo entristecido, jantou.

Chegou novamente à clínica quando já passava das 20 horas. Débora então aproveitou que Clara já tinha companhia e voltou para casa, para poder cuidar de Roberto.

Tudo era muito cansativo, pois Gustavo e Débora se revezavam para não deixar Clara sozinha. Do segundo dia em diante, Débora ficava durante o dia e Gustavo à noite.

O dr. Fernandez passava diariamente para tentar fazer com que Clara não ficasse mais deprimida, pois do segundo dia em diante, ela passou a notar que não conseguia movimentar suas pernas. Por mais que seu médico dissesse que era uma questão de tempo, na verdade nunca havia falado claramente a ela o tempo certo, e isso a estava deixando cada dia mais preocupada e apreensiva.

Débora tentava ajudar a amiga de todas as maneiras possíveis. Possuidora de um bom conhecimento da Doutrina Espiritual, procurava sempre ler para Clara livros que pudessem oferecer-lhe ensinamentos dentro da espiritualidade, para com isso tentar cristalizar a fé dentro de seu coração.

Débora sabia que caso Clara não reunisse muita força em seu interior, seria difícil para ela conseguir aceitar sua nova condição de vida; seria o declínio de seu espírito. Algumas vezes, enquanto Clara dormia, Débora silenciosamente procurava energizá-la com fluidos benéficos, para que ela pudesse resistir, pois Débora, além de gostar muito da amiga por tê-la ajudado tempos atrás, também via nela uma irmã de caminhada na jornada da vida.

Com o passar dos dias, Clara recebeu alta da clínica, e, sem conseguir trabalhar direito ainda em sua cabeça o que havia acontecido, procurava não tocar no assunto.

No dia de sua volta para casa, Clara amanheceu irritada, pois já sabia tudo o que iria enfrentar e tinha muito medo, vergonha e insegurança de se mostrar às outras pessoas daquela maneira. Mesmo sabendo que seria uma situação provisória, não conseguia aceitar o fato.

Em sua última visita, o dr. Fernandez achou melhor contar a Clara sobre sua gravidez. Evitou falar enquanto Gustavo estava no quarto, mas assim que ele saiu para pegar o carro, Fernandez disse a ela o que havia acontecido.

Clara já nem sabia o que seria pior, pois se estivesse ainda com os bebês, mesmo que engordasse, certamente, teria tempo e dinheiro suficientes para tentar fazer seu corpo voltar ao normal, mas agora, sabe-se Deus quando poderia voltar a andar. Percebeu então que o destino não havia poupado esforços em castigá-la, pelo que ela tinha decidido fazer.

Por mais que tentasse segurar, lágrimas rolaram de seus olhos, demonstrando um arrependimento por algo que nem mesmo chegou a fazer.

A caminho de casa, ela permaneceu calada durante todo o percurso, Débora algumas vezes procurava chamar-lhe a atenção sobre determinadas coisas, mas era como se falasse sozinha. Clara nem mesmo piscava; era como se estivesse preparando-se para o encontro da triste realidade que esperava por ela em seu belo lar.

Quando chegou, não percebeu muito movimento, pois Gustavo havia pedido a todos para que agissem o mais naturalmente possível. Ela até se surpreendeu.

Na noite anterior, não havia conseguido dormir direito, imaginando todas as respostas que teria de dar a todas as perguntas que viriam daquelas pessoas que trabalhavam em sua casa. Achava que com aquela cadeira de rodas ficaria ridícula; seria a mais bela e recente palhaça da corte.

Ao perceber a normalidade dentro de sua casa, respirou um pouco mais aliviada, pois já chegava sua doença, não precisaria gastar o seu tempo respondendo a perguntas bobas e nem mesmo teria de agüentar os olhares de piedade que todos lançariam sobre ela.

Dizendo-se muito cansada, pediu ajuda para se deitar, e quis ficar sozinha. Nem mesmo Gustavo, por mais que insistisse, conseguiu ficar no quarto.

Dentro de sua sensibilidade, Débora olhou para Gustavo como se tentasse mostrar para ele a necessidade momentânea de Clara ficar sozinha. Seria melhor; amanhã seria um novo dia, era só esperar.

Gustavo, antes de dormir, perguntou a Clara se não seria melhor enquanto ela se recuperasse, que eles dormissem em camas separadas. Clara, depois de pensar um pouco, aceitou, pois sabia que seria mesmo melhor.

Aquela noite parecia interminável para ambos, pois nem ele nem ela, conseguiram dormir nem por alguns minutos.

Na manhã seguinte, antes que Gustavo saísse para trabalhar, Clara pediu a ele que arrumasse uma enfermeira para ficar com ela também durante a noite. Gostaria que ele ficasse no quarto de hóspedes ao lado. Clara sabia que dessa forma tanto ela como ele teriam um descanso melhor, mesmo porque ela se sentiria mais à vontade quanto a fazer barulho e também poderia ler até mais tarde.

Gustavo, entendendo o que Clara havia proposto, aceitou quase de imediato, pois para ele era muito difícil ficar junto dela no mesmo quarto, nem sabia o que falar ou o que deveria fazer. Percebia que Clara tinha vergonha de seu estado e não se sentia à vontade perto dele.

Antes de sair para o escritório, chamou Débora pedindo que ela providenciasse com urgência uma enfermeira para ficar com sua esposa por período integral. Débora ainda tentou insistir para que Gustavo a deixasse durante o dia com Clara, mas ele pediu que realmente fosse por tempo integral. Já estava quase de saída quando voltou para falar ainda a Débora que isto não tiraria a liberdade dela para ficar com Clara a qualquer momento. Apenas precisava que ela estivesse tranqüila e descansada para poder tomar a frente de sua casa agora mais do que nunca.

Assim que Gustavo saiu, Débora pensou melhor e achou que talvez fosse uma atitude sensata por parte dele.

Débora, assim que pôde, foi até a clínica para ver se conseguia encontrar alguém que desse acompanhamento a Clara. Alguém que preenchesse todos os requisitos exigidos por Gustavo. Logo foi apresentada a uma enfermeira, uma senhora que morava sozinha e que talvez não fizesse objeção em trabalhar por tempo integral, desde que fosse por um bom salário.

Lourdes que já trabalhava na clínica havia dois anos, depois de pensar um pouco resolveu aceitar o convite. Era uma mulher de seus 38 anos de idade, viúva e sem filhos, enfim não teria problemas com horários ou outros compromissos.

Pediu apenas para que Débora esperasse alguns dias para poder tratar de seu afastamento da clínica, e também para poder arrumar suas coisas. Sabia que apenas teria folga aos domingos e se preocupou então em colocar tudo em ordem em sua casa, pois não teria mais muito tempo disponível para isso.

Débora, após ter combinado seu salário, despediu-se e pediu para que Lourdes comparecesse então no endereço combinado para dar início a seu trabalho, assim que possível.

Dois dias depois, Lourdes chegava à mansão de Gustavo e, meio apreensiva, pediu para que chamassem Débora, pois ela a estava esperando.

Logo Débora chegou, ajudou Lourdes com seus pertences, acompanhou-a até o seu quarto e em seguida foram até o quarto de Clara, que se assustou ao ver aquela estranha. Logo Débora apresentou-a como sua nova acompanhante e isso a deixou mais à vontade.

Lourdes se apresentou; em seguida Débora pediu licença para ir buscar um chá para ambas, mais para poder deixá-las à vontade para conversar e se conhecerem melhor.

Clara gostou muito de Lourdes; parecia mesmo ser uma pessoa de grande responsabilidade e, certamente, teria condições para ajudá-la muito mais que Débora ou Gustavo.

Nos dias seguintes, tudo decorria normalmente. Lourdes procurou marcar as sessões de fisioterapia para Clara logo no período da manhã, pois isso não a deixaria mais ansiosa. Sempre à tarde assistia a algum filme com Clara ou lia algum livro que a Clara interessasse.

Os dias se passaram, com eles semanas e também meses e Clara continuava na mesma, sem apresentar nenhuma melhora. A casa então passou a ter uma rotina muito mais cansativa.

Gustavo, quando chegava, procurava ir direto ao quarto de Clara para depois se preparar para o jantar.

Ele acabava sempre jantando com Débora, pois Clara não gostava de descer em cadeiras de rodas, preferia então jantar em seu quarto com Lourdes.

Com o passar dos dias, Gustavo sem saber muito o que fazer para alegrar aquela casa, pediu para que Débora voltasse a ficar direto na mansão, pois assim certamente traria Roberto, que seria um bom companheiro para ele. Quem sabe com uma criança vivendo naquela residência, aos poucos a alegria voltasse àquele lar.

Débora não respondeu de imediato, achou melhor conversar com Roberto, pois já não eram somente os dois, agora tinham Juliana, que já morava com eles há vários meses.

Gustavo lembrou que, para poder trabalhar em sua casa, Débora havia admitido alguém para cuidar de seu filho e logo foi dizendo que não havia problema se a moça tivesse de vir também.

Naquela noite, Débora conversou com Juliana e também com Roberto, que mais que depressa queria ir naquele mesmo instante. Na verdade, o menino sempre gostou muito de Gustavo; desde que nasceu sempre foi muito apegado a ele, por isso e por todo o carinho que Gustavo sempre fez questão de dedicar, Roberto sempre o recebia de braços abertos.

Juliana por sua vez disse que não teria problemas; achava apenas que não se sentiria à vontade, pois sabia que a casa era de gente muito rica, e tudo era um luxo só.

Juliana sempre soube colocar-se em seu devido lugar, sempre manteve seus pés na terra. Era este o único problema, mas tentaria e talvez pudesse dar certo.

Depois de Débora ter ouvido os dois, procurou mostrar a Juliana que nunca deveria se menosprezar por não ter muito dinheiro, pois isso não era tudo na vida. Certamente ajudava, mas explicou que devemos sempre procurar adquirir uma riqueza espiritual e não material, pois a material será sempre temporária e a espiritual nos acompanhará como bagagem particular durante toda nossa caminhada espiritual.

Débora sempre dizia que somente adquirimos e temos realmente aquilo que podemos levar depois da morte, ou seja, devemos aumentar nosso conhecimento em relação ao nosso crescimento espiritual, que apenas teremos uma elevação espiritual quando percebermos que o próximo não se difere de nós em nada. O que não queremos para nós não devemos desejar aos outros, que aqueles que nos parecem estranhos, não são mais que nossos irmãos de caminhada tentando tanto quanto nós acertar a direção que os levará rumo a uma evolução muito melhor.

Procurando não se aprofundar muito em seus ensinamentos, pois já era muito tarde e Roberto já não conseguia ficar com os olhinhos abertos, ela levou-o para a cama, beijando sua face com carinho e em seguida se preparou para dormir.

Ao se deitar, não conseguia deixar de pensar como seria no dia seguinte, e sem saber por que sentia-se muito feliz por poder ficar naquela casa.

Era uma chance que nem mesmo ela poderia tirar de Roberto, mesmo porque poderia ficar mais perto dele durante algumas horas no dia.

Como toda a noite, orou aos céus em agradecimento a tudo o que Jesus sempre colocou em seu caminho, a toda ajuda que nunca lhe havia faltado.

Na manhã seguinte, procurou chegar mais cedo à casa de Clara, pois assim teria mais tempo para conversar com Gustavo durante o seu café da manhã. Logo que a mesa de café foi colocada, Gustavo sentou-se. Vendo que Débora já estava em casa, pediu para que tomasse o café da manhã com ele, e assim Débora explicou que no fim de semana seguinte mudaria novamente para lá.

No sábado cedo, Gustavo resolveu não ir para o escritório, como era de costume. Amanheceu mais feliz, nem mesmo sabia o porquê, e procurou logo cedo levar o café no quarto de Clara para tomarem juntos.

Assim que chegou, com a bandeja na mão, Lourdes percebeu que ele gostaria de ficar a sós com a mulher e baixinho pediu licença para descer um pouco para tomar um chá.

Gustavo colocou a bandeja na mesa, abaixando-se beijou Clara nos lábios, o que a deixou vermelha, pois desde o acidente Gustavo não havia feito mais isso. Ela procurou afastá-lo sem que percebesse, mas quando viu já havia feito. Gustavo fez de conta que não havia notado e começou a conversar com ela, perguntando sobre as suas fisioterapias; enfim, se estava se sentindo melhor. Clara, de cara fechada, não conseguia sentir em seu coração o amor que Gustavo irradiava por todo o seu ser.

Mesmo triste, ele sabia que teria de levar tudo adiante, pois já não dependia mais dele a mudança dos acontecimentos; estava tudo na mão de Deus.

Portanto, decidiu que daquela manhã em diante tudo se modificaria naquela casa, que até então parecia um cemitério de tamanha tristeza. Procurou mostrar a Clara que com o tempo tudo poderia melhorar, era só esperar.

Ela, sem saber o que responder, apenas abaixou a cabeça e lágrimas rolaram pela sua face.

Gustavo sentia muito remorso em relação ao que havia acontecido com Clara, quem sabe se ele não a tivesse convidado para almoçar, nada daquilo teria acontecido.

Procurando palavras, Gustavo lembrou de dizer a Clara que naquela manhã, Débora e Roberto estariam vindo para ficarem definitivamente junto a eles, mas antes que ele continuasse a explicação, ela, alterando a voz, perguntou:

— Por que não pediram minha opinião antes de decidirem a respeito disso?

Gustavo, sem graça, lembrou que realmente deveria ter falado com ela, e não o fez. Tentando não magoá-la, respondeu:

— Sabíamos que você aceitaria, afinal de contas Débora está conosco há muitos anos e Roberto morou nesta casa muito tempo desde pequeno.

Clara, mostrando em seu rosto muita contrariedade, disse:

— Certamente não tenho mais autoridade alguma dentro desta casa.

Gustavo, tentando não dar continuidade àquela situação, procurou mudar de assunto e beijando as mãos de Clara disse a ela da importância que sempre teve e sempre teria em seu coração e em sua vida.

Clara tentou aquietar sua raiva, mas não conseguiu esconder em seu semblante o sentimento que invadia o seu coração, como se tentando desmascarar algo que dificilmente Gustavo seria capaz de aceitar.

Quando Lourdes entrou, Gustavo já estava de saída. Não conseguia compreender o motivo de Clara ter agido daquela maneira. Durante todos aqueles anos sua mulher sempre procurou ajudar Débora, sempre demonstrando muita amizade por ela. Qual seria então o problema?

Ao descer, escutou os passos de Robertinho pela casa. Mais que depressa correu ao seu encontro e abraçou-o fortemente e os dois rodopiaram pela sala. Débora, que entrava na sala naquele instante, sentiu uma alegria muito grande ao ver que Gustavo conseguia tocar fundo no coração de Roberto, que tudo fazia para vê-lo feliz.

Débora apresentou Juliana a Gustavo, que a recebeu com muito carinho, dizendo que se sentisse à vontade ali, e que daquele dia em diante, ela iria trabalhar para ele e não mais para Débora.

Débora, percebendo um brilho diferente nos olhos de Gustavo, perguntou:

— Qual o motivo de tanta alegria?

Gustavo pensou um pouco e em seguida respondeu:

— São dois motivos; o primeiro é ter percebido que a tristeza não leva a nada, que Deus sempre nos dará força para enfrentar a realidade que nos está sendo designada; o segundo, por estar recebendo vocês, que sei que muito ajudarão nessa transformação.

Débora ficou muito contente ao perceber que Gustavo estava reagindo, pois desde o acidente de Clara não se via mais alegria em seus olhos. Apenas a tristeza e o remorso moravam em seu coração. Certamente estaria pronta para ajudá-lo a se levantar, pois sabia em seu íntimo que seria difícil um dia fazê-lo entender que tudo o que aconteceu havia sido culpa do destino, ou mesmo do merecimento de Clara. Se Deus deixou as coisas chegarem àquele ponto é porque era necessário.

Gustavo pegou Roberto e foram para o jardim para deixar que Débora e Juliana ficassem mais sossegadas, para poderem, com a ajuda dos outros empregados, colocar tudo no lugar.

Já era tardezinha, quando Débora veio pegar Roberto para arrumá-lo para o jantar. Ele estava tão feliz que não queria ir com ela, foi preciso Gustavo insistir para que ele fosse.

Enquanto Juliana banhava Roberto para descer para o jantar, Débora aproveitou para descer e caminhar um pouco. Seria uma oportunidade de colocar seus pensamentos em ordem. Tinha sempre o costume de dedicar um pouco de seu tempo para a meditação, pelo menos uma hora por dia e naquele dia tinha muitas coisas para pensar.

Débora já há algum tempo havia percebido que Clara estava muito estranha com ela; não parecia mais aquela amiga que tempos atrás tanto a havia ajudado. Agora parecia deixar perceber que sua presença não lhe agradava.

Sempre que Débora se oferecia para ler algum livro, percebia que ela não se sentia bem junto dela. Por vezes Débora procurava entender a revolta da amiga, tão jovem, tão cheia de vida, dona de um belo corpo, tendo que viver em uma cadeira de rodas. Ficava pensando o que teria feito Clara para merecer aquele terrível castigo.

No mesmo instante — a figura de Gustavo surgia em seus pensamentos; até quando suportaria uma vida daquela? — e já se fazia notar para qualquer um que não era feliz, mesmo porque ainda era muito jovem e vivia na solidão. Por mais que quisesse ou procurasse demonstrar a Clara que seu amor era o mesmo, por vezes era impossível não perceber que somente o remorso ainda os mantinha unidos.

Débora não queria interferir na vida do casal, mas percebia que mais dia menos dia alguma coisa iria mudar.

Nesse instante, Débora foi afastada de seus pensamentos pela voz de Roberto, que nos braços de Gustavo a esperava para o jantar.

Daquele dia em diante, realmente as coisas iam se modificar. Débora iria tentar fazer com que Clara voltasse à razão, que também não afastasse mais as pessoas de perto dela. À noite em seu quarto orou muito pedindo a Deus forças para tentar, não resolver, mas abrandar o coração daquela que tempos atrás muito a havia ajudado.

Logo pela manhã, Débora foi ao quarto de Clara para tentar convencê-la a fazer suas principais refeições com eles à mesa. Quando chegou, pediu para que Lourdes saísse um pouco e em seguida sentou-se ao lado da amiga e começou a conversar.

Pediu para que Clara descesse com ela para tomar o café da manhã junto a todos, o que em seguida foi recusado por Clara. Percebendo que a amiga estava irredutível, Débora lhe disse:

— Você não percebe o quanto Gustavo está triste e sozinho?

Clara, demonstrando impaciência, respondeu:

— Ainda está melhor do que eu, que estou aqui presa a esta cama, sem poder levantar-me.

Débora, não aceitando a resposta da amiga, retornou:

— Mas você tem de entender que mesmo estando em uma cadeira de rodas temporariamente não está impedida de viver; você não percebe que agindo dessa maneira apenas está impedindo que as pessoas consigam ficar mais próximas de você? Não vê que por mais que todos a amem e a admirem, acabam não se sentindo bem perto de você?

Clara, mais que depressa, disse:

— Ninguém gosta de ficar perto de uma aleijada.

Débora ainda firme em seus objetivos, não se deixando levar por tamanha desmotivação, respondeu:

— Um dia, Clara, você irá perceber, espero que não tarde demais que os valores de todas as pessoas não são aqueles aos quais você dá prioridade e sim muitos outros que você com certeza ainda não conseguiu enxergar.

Falando isso, Débora se virou e saiu calmamente, esperando que ainda Clara pedisse que ela a ajudasse a descer. Mas nada ouviu, apenas o silêncio tomava conta de tudo naquele quarto.

Lourdes, assim que viu Débora descendo, foi ao encontro de Clara para que ela não ficasse sozinha.

Os dias se passavam, entre inúmeras consultas e fisioterapias; o estado de Clara permanecia o mesmo e, por mais que tentasse, não se notava nenhuma melhora.

Certo dia, logo depois do almoço o telefone tocou. Débora atendeu, mas não se identificaram e desligaram após ouvirem dizer residência de Gustavo e Clara. Estranhando um pouco, Débora achou que talvez alguém tivesse errado o número, e depois esqueceu.

Juliana não encontrou nenhuma dificuldade em conviver na casa de Gustavo, pois desde que chegou foi muito bem recebida e agora com o passar dos meses sentia-se muito querida e estimada por todos. Durante todo esse tempo ainda não havia tido contato com Clara, mas sentia muita pena dela. Às vezes se perguntava como deveria ser triste para uma pessoa tão jovem e bela ficar trancada em um quarto, sem poder apreciar e se deliciar com todas as maravilhas que a vida sempre oferece a cada um de nós.

Com o tempo, Gustavo se afeiçoava cada dia mais a Juliana. Uma tarde, enquanto sentava no jardim para aproveitar o silêncio e meditar um pouco sobre si, Juliana passava por perto com Roberto, que já estava para completar três anos. Gustavo havia se afeiçoado ainda mais ao menino depois que ele voltou a morar em sua casa. Todas as noites ficavam juntos, como se, assim, um completasse a necessidade do outro.

Gustavo, vendo Juliana, chamou-a e disse:

— Está gostando de morar aqui com a gente?

Juliana, envergonhada e mantendo a cabeça baixa, respondeu:

— Claro que sim, senhor Gustavo; aqui sou tratada com muito amor, carinho e respeito por todos.

Gustavo ficou feliz ao perceber que Juliana estava bem. Tentando matar sua curiosidade, perguntou a ela:

— Juliana, eu percebo que você não freqüenta nenhuma escola, por quê? Não gosta de estudar?

Juliana, um pouco mais à vontade, respondeu:

— É, senhor Gustavo. Bem que eu gostaria, mas não posso.

Gustavo ainda sem saber o que queria, insistiu:

— Mas o que a impede de estudar? Por acaso é o seu horário de serviço aqui em casa?

Juliana, mais do que depressa, disse:

— Não é isso não, senhor, apenas não tenho condições financeiras para poder pagar meus estudos. Venho de família muito simples, se trabalho ao invés de me dedicar mais ao meu futuro é porque preciso ajudar meu pai a cuidar da casa. Depois da morte de minha mãe, ele se entristeceu tanto que chegou até a perder o emprego, com o qual durante muitos anos havia conseguido manter nossa família, mesmo porque minha mãe sempre ajudou fazendo salgadinhos para vender na rua. Não dava muito dinheiro, mas sempre ajudou no sustento de todos nós.

Gustavo teve por segundos, um sentimento estranho dentro de seu coração. Talvez por nunca ter passado por problemas em relação a dinheiro, achava que tudo era muito fácil. Agora, conversando com Juliana, uma bela moça, educada e de belo porte, achava que se ela conseguisse se formar, certamente faria uma belíssima carreira, pois percebia que Juliana era muito determinada em tudo que fazia, tendo seu futuro sacrificado em benefícios daqueles a quem muito amava: seu pai e seus dois irmãos.

Gustavo ainda tentou falar mais alguma coisa com Juliana, mas Roberto agarrou as mãos dela e pediu para que o levasse para casa, e Juliana, pedindo licença, assim o fez.

Gustavo ainda permaneceu por algum tempo sentado, tentando espairecer, mas já não conseguia. Ao pensar na dificuldade da jovem, decidiu que procuraria uma maneira de ajudá-la no que fosse possível e quem sabe até mesmo a seu pai.

Quando percebeu já estar próximo o horário do jantar, entristeceu. Nessas horas a tristeza sempre o cercava.

Levantou-se e procurou afastá-la de seu pensamento, afinal seria melhor que ao invés de se entregar aos sentimentos que apenas iriam fazer com que ele sofresse mais, procurasse usar seu tempo disponível em prol de auxiliar algumas pessoas necessitadas de amparo. Talvez naquele momento ele apenas conseguisse auxiliar financeiramente, mas quem sabe, com o passar do tempo, também não conseguiria ajudar muito mais.

De uma determinada maneira estava bem quando chegou em casa e, qual não foi sua surpresa quando ao chegar à sala de jantar percebeu que todos já estavam a sua espera, até mesmo Clara, que após muito relutar, tinha resolvido descer.

Naquela noite, tudo realmente parecia estar melhor; todos conversaram por um longo tempo após o jantar, e pela primeira vez Clara viu Juliana, que tudo fez para parecer ainda mais gentil e afetuosa.

Clara sabia que Débora havia admitido alguém para cuidar de Roberto, mas nunca sentiu curiosidade de conhecê-la.

De início, Clara não se sentiu muito bem em sentar à mesa com todas aquelas pessoas, mas, assim que pôde, Gustavo agradeceu a todos pela companhia de todos os dias, agradeceu também a Deus, por ter aberto os seus olhos para poder enxergar a sua própria vida de uma maneira muito melhor.

Na verdade, Clara pouco falou; apenas observou o tempo todo e escutou toda a conversa. Percebeu que Roberto estava mais próximo ainda de Gustavo. Vendo os dois juntos, ninguém diria que não eram pai e filho.

Clara, não conseguindo participar de tanta alegria, pediu para que a levassem para seu quarto para que pudesse descansar. Quando Lourdes se preparava para levá-la, Gustavo levantou-se e rapidamente a tomou em seus braços, levando-a até seu quarto no colo.

Colocou-a na cama e, após cobrir seu corpo, percebeu que não deveria tê-la tocado, pois para ele era muito difícil conseguir ficar tanto tempo longe do amor de Clara e depois tocá-la, mas enfim... Pediu para que ela esperasse por Lourdes que já subiria e voltou para a sala.

Enquanto descia as escadas, Débora percebeu algo diferente em seu olhar. Sabia que Gustavo era jovem e que não conseguiria aceitar aquela situação para sempre. Sentiu muita pena dele, pois também ela sabia o quanto era difícil a solidão.

Notou que Gustavo procurou sair e ficar um pouco no jardim sentado, talvez tentando aliviar um tormento que já há algum tempo parecia ter tomado conta de seu espírito.

Olhava para o céu esperando, quem sabe, por algo que nem mesmo ele sabia o que era, quando Roberto foi correndo ao seu encontro. Como Juliana já havia subido para dormir, Débora foi buscá-lo.

Roberto começou a chorar, não querendo sair dos braços de Gustavo. Débora acabou sentando um pouco junto deles, esperando apenas uma oportunidade, para que pudesse levá-lo embora para seu quarto.

Logo, Roberto adormeceu nos braços de Gustavo, que não deixou que Débora o levasse. Segurando-o no colo, foi colocá-lo na cama.

Débora despediu-se e foi dormir. Gustavo ainda ficou algum tempo sozinho e só subiu bem mais tarde.

No dia seguinte, logo depois de Gustavo ter saído para o escritório, eram quase nove horas da manhã quando o telefone tocou. Dessa vez uma voz de mulher do outro lado da linha perguntava:

— Por favor, é aí que mora a dona Clara?

Débora estranhou a pergunta, mas achando que poderia ser do hospital, respondeu:

— Sim, é aqui mesmo.

Em seguida, do outro lado da linha, a mulher perguntou:

— Ela está em casa ou está viajando?

Débora não conhecia outras amigas de Clara, mas com certeza, aquela voz era totalmente estranha para ela. Assim, achou melhor responder:

— Dona Clara está repousando. Quer deixar recado?

Em seguida, percebeu que desligaram o telefone.

Débora ainda esperou um pouco para ver se o telefone tocava novamente, mas isso não aconteceu. Sentiu vontade de subir ao quarto de Clara para conversar um pouco com ela. Quando chegou, Lourdes colocava o café da manhã para Clara, que sentada em sua cadeira de rodas demonstrava tanta angústia, que por segundos Débora chegou a sentir pena.

Procurando iniciar uma conversa com Clara, contou do telefonema recebido pela manhã. No mesmo instante a xícara de café que Clara segurava escorregou de suas mãos e caiu no chão, quebrando-se. Débora mais que depressa achou que ela não estivesse passando bem. Chamou Lourdes, que rapidamente veio para ajudá-la.

Em seguida, achando melhor deixá-las sozinhas Débora desceu para cuidar de outros afazeres.

Assim que Débora desceu, Clara ficou muito irritada, a tal ponto que não conseguiu esconder de Lourdes que alguma coisa estranha havia acontecido. Lourdes desde que começara a trabalhar lá, nunca a vira tão agitada daquela maneira.

Sem saber o que fazer, pediu para que a cozinheira mandasse um copo de chá de erva-cidreira com muito açúcar e fez com que Clara tomasse.

Ainda demorou alguns minutos para que Clara ficasse mais calma. Por alguns instantes ela chegou a pensar que poderia ser Flávia. Além de não ter comparecido no dia marcado, quando deveria fazer o combinado, havia ficado de levar o dinheiro para Flávia no dia seguinte e não o fez.

Agora, sentia medo ao pensar que Flávia talvez quisesse vingar-se dela, por não ter cumprido com sua palavra, nem mesmo tinha como ir procurá-la. Em seus pensamentos, Clara sentia muito medo da reação que Flávia poderia ter, ao saber que não iria mais receber o dinheiro combinado, pois sabia que aquele dinheiro era muito importante para ela.

Aos poucos, conseguiu tranqüilizar-se, e pediu para que Lourdes a levasse para ficar um pouco no jardim.

Quase sempre quando Gustavo saía, Clara descia para passar algumas horas junto à Natureza, perto de suas flores e seus pássaros; apenas isso ainda dava um pouco de motivação ao seu viver. Outras vezes preferia ficar assistindo a televisão com Lourdes em seu quarto. Naquela tarde, porém, por volta das 17 horas Clara pediu para que Lourdes a levasse para sala de estar. Arrumou-se e desceu para esperar que Gustavo chegasse do escritório.

Pouco depois, Roberto chegou da escola, passou por Clara correndo, e nem parou, pois, talvez pelo fato de ser ainda criança e poder perceber com mais intensidade determinadas coisas, parecia não gostar de ficar muito perto dela. Por isso foi direto para seu quarto e, jogando sua mochila na cama, começou a brincar.

Débora, que viu o menino passar pela sala correndo, pediu para que Juliana fosse cuidar dele e que depois descessem.

Quando Roberto escutou o barulho do carro de Gustavo, largou da mão de Juliana e saiu correndo para encontrá-lo. Gustavo então o abraçou e o rodopiou com carinho, demonstrando muito amor por ele.

Clara, que havia puxado sua cadeira para perto da janela, não deixou que nada passasse despercebido aos seus olhos. Por alguns instantes sentiu muito ciúme daquela criança, pois há tempos não sentia tanta naturalidade quando Gustavo estava ao seu lado; era como se ele agisse tão superficialmente que sem perceber afastava-se cada dia mais dela.

Antes que Gustavo entrasse na casa, Clara pediu para que Lourdes a levasse para cima. Sua acompanhante, sem entender, mas demonstrando muita discrição, obedeceu sem nada perguntar.

Gustavo em poucos minutos estava na sala, com Roberto, que o empurrava no sofá, desarrumando-lhe o cabelo. Foi então que Débora chegou para ver se Gustavo iria precisar de alguma coisa e, delicadamente levou o menino para a cozinha.

Gustavo subiu para preparar-se para o jantar, antes passando pelo quarto de Clara, para saber se tudo estava bem. Assim que entrou, percebeu que Clara estava deitada com a cabeça quase coberta e os olhos fechados. Resolveu sair e não incomodá-la, pois parecia estar dormindo.

Ao descer, encontrou com Lourdes e pediu a ela para que depois do jantar o encontrasse em sua biblioteca, para que pudessem falar um pouco em particular.

Depois de confirmado o encontro, Lourdes foi ver se Clara já havia jantado e se tudo estava bem.

Entrando no quarto, percebeu que Clara estava acordada e parecia ter chorado. Quando a viu entrar, Clara procurou cobrir a cabeça. Foi quando Lourdes perguntou:

— Dona Clara, a senhora precisa de alguma coisa? Não está bem? Nem ao menos experimentou a comida... não deveria ficar sem comer.

Clara, por respeito a Lourdes por toda sua dedicação, procurou não a deixar sem resposta, e então respondeu:

— Não se preocupe, apenas estou sem fome; vou procurar dormir mais cedo, para também dar uma folga à leitura diária.

Lourdes, percebendo que não deveria perguntar mais nada, pegou a comida que nem ao menos tinha sido tocada e desceu para jantar.

Procurando não fazer alarde para não preocupar Gustavo, Lourdes foi direto para a cozinha e colocou a bandeja na pia.

Quando chegou à sala de jantar, todos já estavam servindo-se, pois na verdade naquela noite o cheiro do assado estava mesmo irresistível. Sentando-se, agradeceu a Deus, dando graças a tudo o que Ele oferecia não apenas a ela, mas também a todos que estavam em volta daquela mesa.

Tudo correu normalmente durante o jantar. Em seguida, Gustavo convidou Lourdes para conversarem um pouco e, a caminho da biblioteca, foram falando sobre o dia-a-dia de Clara.

Assim que entraram, Gustavo perguntou:

— Durante todo o tempo que a senhora acompanha minha esposa em suas fisioterapias, até mesmo em suas consultas, tem notado alguma resposta aos exercícios que possa nos trazer alguma esperança de Clara conseguir novamente caminhar?

Lourdes sabia que Gustavo a estava indagando, não apenas como a acompanhante de sua esposa, mas sim como a excelente profissional que sempre demonstrou ser, portanto foi com muita dificuldade e tristeza que Lourdes respondeu:

— Bem que eu gostaria de poder responder que sim, mas em todo esse tempo de acompanhamento, nada do que tem sido feito está conseguindo trazer-nos qualquer esperança. Algumas vezes, penso se não seria falta de motivação e alegria, pois o senhor mesmo sabe que não foi somente o fato de não poder caminhar, que desmotivou dona Clara, mas também as crianças que ela acabou perdendo. Quem sabe, esse também não seria o motivo de tanta desmotivação?

Por alguns minutos, Gustavo aquietou-se, abaixou a cabeça e percebeu que nunca havia pensado nisso.

Não que não houvesse dado importância pela perda como pai, porém sempre achou que Clara não tivesse sentido com a mesma intensidade a interrupção brusca de sua gravidez.

Lourdes fora tão direta, que a conversa que talvez devesse prolongar-se, terminou rapidamente.

Gustavo pediu para que ela procurasse observar melhor determinadas atitudes de Clara em relação a tudo em sua volta. Certamente em breve voltariam a conversar, e talvez tivessem novidades melhores.

Em seguida, levantou-se, colocou os braços nos ombros de Lourdes e ambos saíram da biblioteca.

Débora já sabia do costume que Gustavo havia adquirindo após a doença de Clara. Ao cair da noite, ficava sentado no banco próximo ao jardim, olhando e pensando em tudo o que havia acontecido em sua vida tão de repente. Ele sentia-se muito só. Desde que Clara acidentou-se, nunca mais Gustavo conseguiu conversar da mesma maneira com ela, mesmo porque às vezes Clara passava-lhe a impressão de que não se sentia bem ao seu lado, o que fazia com que pouco a pouco se afastassem um do outro, cada vez mais.

Estava quieto, procurando se analisar. Na beleza e na quietude daquela noite enluarada, nem percebeu que Débora passeava com Roberto para tentar distraí-lo um pouco antes de colocá-lo na cama.

Assim que viu Gustavo, Roberto correu ao seu encontro. Débora, sem saber o que fazer, foi saindo. Foi quando Gustavo pediu para que ela ficasse, assim faria um pouco de companhia a ele — não era tarde e enquanto Roberto não dormisse, poderiam conversar um pouco.

Percebendo angústia e solidão nos olhos de Gustavo, Débora sentou-se e, sem saber o que falar, resolveu esperar que Gustavo iniciasse a conversa.

Roberto, sem modos, corria de um lado para outro, procurando em cada volta abraçar ora a mãe ora Gustavo, que achavam engraçada a maneira como o garoto demonstrava o seu amor.

Débora já ia levantar-se, quando Roberto em uma dessas voltas, passando, parou e colocou as mãos de Gustavo sobre as de Débora, que, por instantes, pêga de surpresa nada conseguiu fazer. Por mais que Débora tentasse tirar a mão de baixo das de Gustavo não conseguia, não era somente a força do menino que a impedia de fazê-lo. Notou os olhos de Gustavo falando também a ela que não o fizesse.

Por alguns minutos, não somente suas mãos se tocavam, mas também seus olhares se encontravam, de uma maneira que até então nunca havia acontecido.

Quando deram por si, afastaram-se rapidamente, Débora pediu licença e levou Roberto para seu quarto, colocando-o para dormir. Não podia deixar de ver em sua frente aquela cena, nem ao menos deixar de sentir em suas mãos o calor das mãos de Gustavo.

Quando percebeu o que havia acontecido, Gustavo notou que aquele instante fora especial. Sentiu naquele momento todo o calor e todo carinho com que aquelas mãos aceitaram as suas. Em seguida, levantou-se e foi para seu quarto, mas enquanto subia as escadas seus pensamentos estavam ligados ainda aos de Débora.

Mesmo com muito esforço, não conseguia pegar no sono naquela noite. Como até agora não havia percebido o quanto Débora era bela e graciosa?

Sempre a considerou responsável; ela mostrava também ser sempre uma boa mãe, excelente profissional, mas Gustavo nunca havia pensado nela apenas como mulher.

O que estaria acontecendo com ele? Ainda por um bom tempo continuou perguntando-se.

Quem sabe a necessidade de ter outras mulheres em seus braços o estivesse tornando mais sensível em relação a ela?

Aos poucos, sentiu voltar a sua tranqüilidade e dormiu, mas o que ele não sabia era que daquela noite em diante sua vida mudaria, que não teria forças para combater tudo o que o destino havia reservado para ele.

Na manhã seguinte, Débora procurou evitar encontrar com Gustavo. Antes que ele saísse para trabalhar, pediu a Juliana que a substituísse, pois estava com dor de cabeça; ficaria com Roberto um pouco mais na cama e depois desceria.

Juliana estranhou. Preocupou-se com Débora, que sempre achou que tivesse uma saúde de ferro. Será que estaria doente?

Assim que Juliana entrou na sala para verificar se o café estava sendo servido a contento, Gustavo olhou-a e não precisou perguntar nada, pois percebeu que Débora o estava evitando. Se estivesse certo em seus pensamentos, o acontecimento daquela noite fez também com que algo despertasse no coração dela.

Débora levantou-se, banhou Roberto e, assim que Gustavo saiu com o carro, desceu com o filho para tomarem o café da manhã.

Juliana nada perguntou, porém estranhou que de repente, sem mesmo ter se medicado, Débora tivesse melhorado.

Assim que Roberto saiu para caminhar um pouco com Juliana, Débora subiu para ver Clara.

Quando chegou, Clara estava sentada em sua cadeira como nos outros dias, de olhos cerrados, como se apenas o seu corpo estivesse ali e sua mente vagasse por todo o seu passado, também à procura de um futuro melhor.

Débora, com muita naturalidade, perguntou:

— Ainda está com sono? Não dormiu direito essa noite?

Clara, voltando para a sua cruel realidade, respirou fundo e respondeu:

— Não faço outra coisa na vida a não ser ficar parada, pois o que mais tenho é tempo para pensar. Por isso às vezes me recolho de certa maneira, e parece que tudo consigo em meu inconsciente, até mesmo voar.

Débora sentiu que naquela manhã Clara estava mais aberta para dialogar e prosseguiu:

— É sempre bom conseguirmos sair da monotonia do nosso próprio eu, termos por meio de nossas próprias forças espirituais a oportunidade de conhecer lugares, pessoas diferentes, as quais apesar de não conviverem conosco neste momento em que vivemos, certamente nos ajudam a conhecer melhor tudo o que nos circunda e também a aprender a lidar melhor com tudo aquilo pelo qual estamos passando no momento.

Clara ficou um pouco pensativa e em seguida disse:

— Que horror... Você parece não ser deste mundo, fala coisas que não entendo e nas quais pouco acredito. Se não a conhecesse tão bem, teria receio de conviver com você, mesmo porque nunca soube que você se interessava por espiritualidade.

Débora, sorrindo, revidou:

— Algumas vezes, apenas conseguimos enxergar aquilo que está na frente de nosso próprio nariz, por meio de muito sofrimento. Bem sabe que desde jovem sempre encontrei problemas em quase tudo na vida; assim sendo, como continuar? Naquele tempo eu não conseguia trabalhar direito; tudo o que acontecia, parecia que a cada dia meus problemas aumentavam cada vez mais. Um dia, um pouco desorientada, encontrei com uma prima que havia muito tempo eu não via. Vendo como eu estava, resolveu convidar-me para passar alguns dias em sua casa. Depois de muito pensar resolvi aceitar. Ainda estava no início de minha gravidez, sem emprego, abandonada pelo companheiro; talvez me fizesse bem descansar um pouco a mente, indo para o interior e revendo alguns parentes.

Clara observava, em silêncio e ouvia, com carinho, uma parte da vida da amiga que até então lhe era desconhecida.

Débora arrumou suas coisas. Como a prima ia embora assim que terminasse suas compras, foi tudo muito rápido.

Ao anoitecer, já haviam chegado à fazenda de sua tia Aldinéia, um belo lugar. Assim que chegou, Cristina, sua prima, foi cuidar das apresentações, pois já não se viam há tanto tempo que talvez não se reconheceriam.

— Foram momentos felizes, e eu fui muito bem recebida na casa de Cristina, que com o passar dos dias em muito conseguiu auxiliar-me. Eram de religião espírita. Minha tia há mais de 30 anos freqüentava uma pequena Casa de Caridade em sua cidade. Quando perguntei a Cristina como havia me encontrado, ela respondeu-me que em várias noites quando ia dormir, vinha a sua mente a imagem de meus pais, que lhe pediam para que ela me procurasse, e caso chegasse à cidade, pelo endereço das velhas cartas enviadas para a mãe dela, poderia me encontrar.

Cristina percebeu que durante muitas noites, chegava até ela a mesma mensagem e que durante o dia não conseguia tirar a prima de seu pensamento. Era como se ela estivesse designada pelo mundo espiritual a encontrar Débora.

Após ter passado uma semana, Cristina resolveu contar à sua mãe o que estava acontecendo. Aldinéia pediu então que a filha a acompanhasse na sessão que se realizaria àquela noite, para poderem, por intermédio dos próprios espíritos, entender melhor o que deveria ser feito.

Cristina não gostou muito da idéia, pois, embora sabendo que sua mãe freqüentava aquela Casa de Caridade, procurava não acompanhá-la por sentir medo do que poderia ver lá dentro.

Não teve outra opção a não ser ir, pois sabia que se não fosse, ficaria em débito com alguém, por alguma coisa, que talvez por pouca maturidade não tinha coragem de encarar.

Quando chegaram ao lugar determinado, Cristina sentiu-se muito bem. Enquanto oravam, era como se todos os problemas de cada um não existissem mais. Mesmo sendo apenas por algum tempo, isso ajudava para que todos tivessem mais força e mais discernimento para auxiliar aqueles que se encontravam naquela noite à procura de caridade.

A sessão havia começado, quando Cristina sentiu um arrepio percorrer toda a sua coluna, ao mesmo tempo um tremor em todo seu corpo denotava a presença de algum espírito que caso tivesse ordem, poderia dar a sua palavra.

Com permissão do mentor espiritual da casa, levaram Cristina para a mesa para que ela pudesse ser melhor assistida durante a passagem daquele espírito.

Assim que foi colocada junto à mesa, a voz de Cristina, já modificada, cumprimentava a todos, agradecendo a Deus a oportunidade de poder dar a sua palavra por intermédio da médium, que na vida terrena fora sua sobrinha. Em seguida, deu início a sua mensagem:

"Sou Fátima. Usarei deste aparelho por pouco tempo para poder passar algumas palavras a Cristina. Peçam para que ela vá à procura de Débora, pois ela se encontra sozinha, em profunda solidão. Estamos com receio que ela não suporte tudo o que está acontecendo e acabe dando fim a uma gravidez, que de maneira nenhuma poderia ser revertida. Já há dias estamos tentando passar isso de uma outra maneira para Cristina, mas não estamos conseguindo; portanto, precisamos de sua ajuda. Por meio das cartas que eu mesma escrevi para vocês enquanto vivia, certamente a encontrarão. A continuidade ao tratamento que deverá ser feito para Débora; entrego nas mãos de nossa irmã Aldinéia e a todos os espíritos de Luz desta casa; tenho certeza de que saberão como fazê-lo. Meu

tempo é curto, não posso ficar mais. Devo agora, com mais tranqüilidade, seguir o meu caminho, na confiança de que vocês, meus irmãos, irão acolhê-la e ajudá-la, fortalecendo ainda mais seu espírito para que Débora tenha melhor sustentação, por meio de tudo que aprenderá e agregará dentro de seu ser, pelo resto deste seu viver. Antes que eu me vá, não posso deixar de dizer o quanto é bonita dentro do espiritualismo a ajuda oferecida por todos vocês aos irmãos necessitados. Muitos irmãos não conseguem perceber que tudo o que acontece na Terra são provações, que se bem passadas e superadas com sabedoria, os ajudarão ainda mais a aprender a cultivar sentimentos imprescindíveis dentro de seus corações, como a paciência, a resignação, a fé, o amor no contexto geral da palavra e muito mais. Nosso Pai, dentro de toda Sua sabedoria, sempre procurou nos ensinar que nunca podemos passar por um problema no lugar de outro irmão, por mais que nos doa, pois assim estaríamos interferindo no carma do outro, mas que podemos ajudá-lo fortalecendo o seu amor e sua fé em Cristo. Agora eu me despeço de todos vocês, desejando a todos que fiquem na paz do Senhor. Digam a Cristina que não tenha medo, pois muito ainda ajudará aos mais necessitados dentro de sua espiritualidade".

Nesse momento, dois médiuns estavam ao lado de Cristina para que quando desincorporasse, não se assustasse.

Cristina, aos poucos, voltava a si. Não sabendo muito bem o que tinha acontecido, estranhou estar junto com as pessoas naquela mesa, mas nada quis perguntar, pois sabia que não era a hora.

O trabalho decorreu normalmente, por mais algum tempo. Quando foi encerrado, Cristina mais que depressa procurou saber com a mãe o que havia acontecido, e qual não foi sua surpresa quando foi avisada de sua incorporação e também da mensagem de sua tia.

Quando chegaram em casa ainda à noite, decidiram que no dia seguinte pela manhã Cristina iria atrás de Débora. Como não poderiam avisar o motivo da procura, resolveram dizer que Cristina iria fazer algumas compras naquela cidade. Dizendo isso, Cristina ainda salientou:

— Bem, agora que você já sabe de tudo, espero que descanse bem esta noite; que Deus a ajude a tomar a decisão certa para que possamos com o auxílio da espiritualidade ajudá-la um pouco mais. Gostaria que ficasse aqui para sempre, pois gostei muito de você,

mas caso não possa, fique pelo menos até entender e aprender um pouco mais a se fortalecer.
Dizendo isso, Débora percebeu que havia falado demais. Talvez Clara não estivesse gostando do assunto. Como já estava quase na hora do almoço, ambas não viram nem mesmo a hora passar.
Pediu desculpas por ter se alongado tanto no assunto, mas para sua surpresa Clara pediu que no dia seguinte Débora continuasse a falar sobre aquilo, pois era interessante para ela saber da existência de outros mundos e de espíritos que vinham para dar mensagens e outras coisas.
A conversa foi para Clara uma nova abertura dentro de tudo em que ela sempre havia acreditado. Portanto, dentro de sua curiosidade, tinha muitas perguntas para fazer.
Débora, nesse momento era chamada para organizar o almoço, pois já estava quase na hora de Gustavo chegar.
Pedindo licença, desceu as escadas rapidamente e foi cuidar de seus afazeres.
Nisso, Clara ficou ainda por algum tempo tentando digerir tudo o que Débora havia dito.
Não via a hora de poder ouvir o resto da história. Lourdes a chamou para almoçar, e Clara, pedindo para que trouxessem sua refeição, preferiu permanecer em seu quarto, pensativa.
Durante o almoço, tanto Débora quanto Gustavo fizeram suas refeições em silêncio, falando apenas o necessário. Todos perceberam que algo estava estranho. De início, Juliana pensou que pudesse ser algo relacionado a Clara, mas nada perguntou. De sua parte, Lourdes achou que talvez a sua conversa com o Gustavo tivesse deixado assim.
Quando terminaram, Gustavo preferiu recolher-se para descansar um pouco na biblioteca. Débora perguntou a ele se precisava de alguma coisa, mas apenas recebeu uma resposta silenciosa.
Assim que Gustavo saiu para trabalhar, desta vez em outro horário, o telefone tocou. Era a mesma voz de mulher perguntando por Clara, Débora reconhecendo aquela voz, disse:
— Você gostaria de falar com dona Clara?
Do outro lado, o silêncio acusava uma incerteza, mas em seguida respondeu:
— Sim, por favor.
Débora perguntou:

— Quem gostaria de falar?
Flávia, sem saber se deveria ou não identificar-se, respondeu:
— Diga que é a pessoa com quem ela marcou uma entrevista e não compareceu.
Débora resolveu passar o telefone para Clara; talvez ela já a conhecesse e soubesse do que se tratava.
Quando Débora chegou ao quarto e avisou para que Clara atendesse ao telefone, mais que depressa ela perguntou quem era. Não conseguindo a resposta que queria, pois nem Débora sabia quem era, e não encontrando outra maneira de resolver a situação, acabou atendendo.
Com as mãos trêmulas, pegou o telefone, agradeceu a Débora e disse que estava tudo bem, que poderia descer. Assim que ela saiu, Clara pediu para que Lourdes fosse pegar um chá com torradas na cozinha. Somente assim conseguiu ficar sozinha.
Tentando preparar-se melhor, respirou fundo e disse:
— Pois não, é dona Clara que está falando.
Do outro lado, a voz de Flávia chegava aos ouvidos de Clara como um Tufão.
— Oi, Clara. Quem está falando é Flávia. Estou ligando para saber o que aconteceu e por que você não compareceu para fazer o serviço no hospital.
Clara percebeu que mesmo não querendo, deveria dar algumas explicações para Flávia. Achou melhor dizer logo tudo o que aconteceu.
Assim que Clara terminou de explicar tudo, achando que havia resolvido aquele problema, Flávia continuou:
— Sinto muito por tudo o que aconteceu, mas quero que entenda que de nossa parte, já estávamos com tudo encaminhado. Seu acidente aconteceu apenas algumas horas antes do combinado, e como não recebemos contato nenhum de sua parte cancelando o que deveria ser feito, demos continuidade. Já estávamos com tudo pronto para recebê-la, como havíamos combinado. Acabei pagando as despesas do hospital com cheques pré-datados, na condição de que você não somente os cobriria, mas também me daria a parte combinada. Você sabia que eu estava com problemas sérios de doenças em minha casa. Se fiz o que fiz, foi para conseguir o dinheiro para a cirurgia de meu pai. Quando fechamos negócio, mais que depressa cuidamos da cirurgia dele, passei um cheque meu contando com a parte que receberia de você.

Clara tremia tanto, que nem percebeu que Débora entrou no quarto para levar seu café da tarde. Percebendo o nervosismo da amiga, procurou silenciar-se para tentar entender o que estava acontecendo.

Clara sabia que talvez Flávia pudesse estar mentindo, mas não podia ter certeza. Resolveu pedir um tempo para pensar dizendo a Flávia para retornar a ligação em uma semana, que ela pensaria no que fazer.

Assim que desligou o telefone, assustou-se com Débora, que vinha em sua direção trazendo o seu café. Débora sentiu alguma coisa no ar, mas esperou que Clara desse abertura para poderem conversar. Como não o fez, Débora desceu.

Naquela noite, Clara não conseguiu dormir. Por mais que tentasse, o problema estava ali, e ela não via como escapar dele.

Sem saber como agir, em desespero, pediu auxílio aos céus, para que a ajudasse a resolver tudo. Pouco a pouco foi ficando mais tranqüila, afinal teria ainda alguns dias para decidir o que fazer. Com calma, certamente viria a solução.

Débora, depois do jantar, não teve como não levar Roberto para caminhar, pois já o havia acostumado a isso.

Enquanto caminhavam, Gustavo chamou-os. Por mais que Débora não quisesse ficar perto dele naquela noite, Roberto correu ao seu encontro.

Débora já ia sair e deixar Roberto com ele, quando Gustavo perguntou a ela:

— Por acaso está fugindo de mim, ou é impressão minha?

Débora, sem saber o que dizer, respondeu:

— Não, achei que você fosse levar Roberto para cima depois.

Gustavo, percebendo a situação de Débora, rindo e abraçando Roberto, disse:

— É claro que levo esse garoto bonito para cima, não é, garotão?

Débora sentiu-se aliviada, mas seguiu pensando até quando iria encontrar desculpas para esconder o que já era óbvio em seu coração.

Naquela noite, Clara não conseguiu dormir direito. Por mais que tentasse, sentia que pouco a pouco perdia Gustavo, que sempre foi a coisa mais importante em sua vida. Teve medo de que se Gustavo descobrisse o que ela pretendia fazer antes do acidente, jamais a perdoaria; quanto a isso, tinha certeza.

Era muito difícil para ela encarar a atual situação, pois nem ao menos podia ser a mulher que sempre foi para Gustavo, que se sentia cada vez mais deslocado perto dela, muito embora Clara ainda conservasse a beleza com a qual sempre conseguira prender sua atenção.

Sabia que Gustavo mais dia menos dia teria de encontrar outra mulher para se relacionar, pois ainda era muito jovem e não conseguiria ficar sozinho por mais que tentasse.

Os olhos de Clara aos poucos viam com desespero, em seu futuro próximo, tudo o que ela não se sentia fortalecida para vivenciar.

Após muito pensar, não se dando por vencida, imaginou que teria ainda mais uma possibilidade de tentar conservar Gustavo ao seu lado. Quem sabe se conseguisse convencê-lo a adotar uma criança, mesmo que Gustavo saísse algumas vezes com outra mulher, certamente teria um pouco mais de responsabilidade e alegria quando retornasse para casa.

Mas como iria pedir a ele uma adoção, se não tinha como cuidar e educar uma criança, em virtude de sua doença?

Sem perder tempo, chamou Lourdes, pediu para que sentasse para conversar um pouco e, ainda sem saber qual atitude tomar, disse a ela:

— Sinto muito a falta de meus filhos, talvez se nada tivesse acontecido, hoje eu estaria com minhas duas crianças, que muita alegria trariam à minha vida. Às vezes penso: será que Gustavo acharia ruim adotar uma criança para nós?

Lourdes se sentiu despreparada para dar aquela resposta, mas sabia que alguma coisa Clara esperava que ela dissesse; sendo assim, resolveu expor o que pensava naquele instante:

— Dona Clara, pelo que eu conheço do sr. Gustavo, com certeza não se incomodaria. Percebo que ele gosta muito de criança, até penso que ele gostaria da idéia.

Clara pensou um pouco, percebeu que não perderia em nada, pois conseguiria uma criança, agradaria Gustavo e também não teria de cuidar, pois com certeza, com todo seu dinheiro, Gustavo não se incomodaria de arrumar uma babá, em razão das condições de saúde dela.

Nesse instante, Lourdes perguntou a ela:

— Gostaria que pedisse para que, assim que chegasse, o sr. Gustavo subisse para falar com a senhora?

Clara respondeu, sem muita convicção:
— Sim, quem sabe conseguimos mudar um pouco mais as coisas, dentro desta casa.

Lourdes, ouvindo o que Clara disse, desceu para deixar avisado a Débora para que Gustavo fosse ter com Clara assim que chegasse.

Débora, surpresa, perguntou a Lourdes se havia acontecido alguma coisa, mas não conseguiu tirar muito dela, que em seguida voltou para o quarto de Clara, para arrumá-la para a fisioterapia.

Naquela manhã, sem que ninguém soubesse, Gustavo foi ao encontro do dr. Fernandez, pois desejava saber ao certo sobre o estado de Clara.

Chegando ao consultório, o médico pediu para que ele sentasse. Sentia-se à vontade com Gustavo, ao qual tinha muito mais como amigo do que como cliente, e pediu para que trouxessem café e água, para que pudessem conversar mais tranqüilamente.

Gustavo não perdeu tempo e assim que pôde, perguntou:
— Gostaria de me inteirar sobre o estado atual de minha esposa.

O doutor Fernandez sabia que Gustavo queria, sem dúvidas, a verdade, nua e crua, sem reservas e nem mesmo futuros milagres; portanto foi direto em sua resposta:
— Gustavo, tenho-o já há muito tempo como um grande amigo, por isso gostaria de poder dizer que ainda tenho esperanças quanto ao caso de Clara, mas infelizmente não conseguimos obter melhora até o presente momento. Também já se estão esgotando as nossas tentativas, enfim... Todas as possibilidades para fazer Clara andar novamente já foram tentadas, mas não obtivemos nenhuma resposta em termos clínicos. Achamos até que em breve pararemos a fisioterapia e daremos continuidade ao tratamento, com um psicoterapeuta, que caso queira poderá dar atendimento em sua casa, por algum tempo ainda, para ajudar Clara a superar com maior facilidade seu problema.

Gustavo não havia dito nada ao médico, mas quando foi procurá-lo ainda tinha esperanças de que um dia Clara conseguisse voltar a andar. Agora, ouvindo tudo aquilo, não sabia o que pensar; tudo vinha em seu pensamento de uma maneira que o atordoava.

O dr. Fernandez percebeu que Gustavo não estava bem. Levantou-se, segurou o ombro do amigo e disse:

— De hoje em diante, você deve mostrar-se mais forte para poder ajudá-la a ter forças para superar tudo.

Ainda conversaram por algum tempo; em seguida Gustavo achou melhor não passar pelo serviço e ir direto para sua casa, pois teria de avisar a Lourdes e Clara que os exercícios de fisioterapia daquele dia haviam sido cancelados, mas preferiu dizer pessoalmente em vez de telefonar.

Chegando em casa, Gustavo foi avisado que Clara desejava falar com ele. Sentou-se um pouco na sala, pediu um copo de suco de laranja e, enquanto tomava, pensava em tudo que deveria dizer para Clara, perguntando-se: "Seráque irei responder a todas as suas perguntas? Que Deus me ajude..."

Quando subiu, Clara já estava arrumada para ir para a clínica. Estranhou o fato de Gustavo estar em casa naquele horário, mas nada perguntou. Ao chegar perto dela, beijou-lhe o rosto e perguntou:

— Você quer falar comigo? Aconteceu alguma coisa?

Lourdes, que já sabia sobre o que Clara queria conversar, achou melhor pedir licença e descer para ficar um pouco no jardim, assim teriam mais privacidade durante a conversa.

Gustavo puxou uma cadeira, sentou a sua frente. Ela, com muita tranqüilidade, disse:

— Gustavo, nunca quis falar sobre este assunto com você, mas sei que tudo o que aconteceu, não somente eu perdi, mas também você; afinal seu maior sonho sempre foi ser pai, e agora que já temos certeza de que não mais poderei dar filhos a você, está sendo difícil para nós dois aceitar tudo isso, sem nada tentar mudar. Estive pensando durante algum tempo... quem sabe você não aceitaria adotar uma criança recém-nascida para ser criada por nós; assim conseguiríamos com o tempo colocar mais alegria dentro desta casa.

Gustavo fora pego de surpresa; não sabia o que responder naquele instante. Levantou e se afastou um pouco. Procurou pensar em alguma resposta; nunca havia imaginado aquilo, mas por outro lado, quem sabe não seria mesmo melhor?

Lembrou-se do que devia falar com Clara, porém sabia que naquele momento não seria oportuno mudar de assunto. Não tinha como recusar. Quem sabe Clara não se motivasse mais com uma criança? Pensou melhor e percebeu que não deveria tirar de sua esposa aquela oportunidade pela qual ela esperava com tamanha ansiedade.

Gustavo pediu um tempo para pensar um pouco. Durante o jantar voltariam a conversar a respeito.

Antes de descer, avisou Clara que a fisioterapia daquela tarde estava cancelada, que seria adiada ainda por algum tempo.

Disse também que o dr. Fernandez havia indicado um excelente profissional, para que viesse uma vez por semana dar assistência a ela, pois seria bom ela ter alguém para conversar, sem medos e sem opressões.

Clara, em seguida, perguntou:

— Por que o dr. Fernandez está mandando outra pessoa para me dar atendimento em casa? Até parece que não vou melhorar nunca mais.

Ouvindo isso, Gustavo pegou em suas mãos e explicou que aquela mudança era somente para dar continuidade ao tratamento já preestabelecido, que seria por pouco tempo mais.

Clara não teve outra escolha a não ser aceitar, mesmo porque nada podia fazer. Caso recusasse, seria como se não tivesse mais esperanças dentro de seu coração de que um dia mais tarde pudesse voltar a andar. Nem podia pensar em tal coisa.

Gustavo pediu licença e desceu, pedindo que Lourdes subisse em seguida.

Clara achou que Gustavo aceitaria seu pedido. Talvez tivesse pedido algum tempo para conversar com o dr. Fernandez para pedir sua opinião a respeito de uma iniciativa de tamanha importância.

Gustavo desceu sem falar com ninguém e sentou em seu lugar preferido no jardim. Aquele local trazia para ele um mundo de felicidade que na vida real não encontrava já há muito tempo.

Era seu mundo irreal, suas ilusões, suas fantasias; naquele banco, todos os seus pensamentos e atitudes eram possíveis. Não havia tristeza, era um caminho que sempre oferecia a ele forças e motivações para que ele pudesse enfrentar fora dali todos os seus problemas, por mais sérios que fossem.

Ao sentar, não se deu conta de que Débora estava perto dele, colhendo algumas flores para colocar no vaso durante o jantar.

Por alguns minutos, Gustavo viajou. Sentia-se como um menino quando via a garotinha amada escondido dos pais, tamanha a alegria que lhe tomava o coração.

Débora não havia percebido que Gustavo a olhava insistentemente. Em voz baixa, cantava, mostrando uma naturalidade não costumeira, deixando-o mais admirado ainda.

Tinha uma voz doce e sua pele era tão suave e sedosa que por alguns segundos Gustavo se segurou para não correr para junto dela e abraçá-la; a cada dia sentia que se apaixonava cada vez mais por aquela mulher, que nada fez para que seus sentimentos aflorassem daquela maneira. Assim que Débora se voltou com as flores, assustou-se com Gustavo muito próximo dela. Rindo, perguntou-lhe, de todas, qual era a mais bela. Envergonhada por Gustavo ter presenciado momentos de tanta intimidade, Débora logo mostrou uma rosa branca que acabara de colher. Gustavo levantou-se e em seguida, abaixando para colher algumas margaridas, ofereceu a ela, olhando em seus olhos profundamente:

— Que estas margaridas sirvam para enaltecer ainda mais a beleza de seu rosto.

Débora sentiu suas pernas estremecerem. Em um impulso, Gustavo a segurou rapidamente. Tão próximos ficaram que não conseguiram segurar o sentimento que há muito aflorava dentro de seus corações. Beijaram-se longa e suavemente.

Débora, envergonhada, em seguida saiu correndo, de cabeça baixa, mas não deixando de carregar em seus lábios o sabor do beijo de Gustavo, que por sua vez percebeu que não mais poderia lutar contra tamanho sentimento. E agora, o que deveria fazer?

Débora entrou em casa e não percebeu Juliana, que sentada próximo à janela, presenciou toda aquela cena. Correndo para seu quarto, Débora sentiu quão mesquinha havia sido, por ter feito isso com o marido daquela que sempre se mostrou ser sua melhor amiga.

Chorou algum tempo, pois não podia esconder-se durante o dia todo. Tomou um banho e se arrumou. Depois, enchendo-se de coragem, desceu.

Quando chegou, sem que pedisse, Juliana já havia dado banho em Roberto, que brincava próximo à sala de jantar esperando pela mãe. Também já havia verificado se estava tudo a contento na colocação do jantar.

Às vezes, Débora sentia não saber mais o que fazer sem o auxílio de Juliana. Depois desse tempo todo que estava com eles, conseguira adquirir muita experiência e se mostrava cada vez mais uma excelente funcionária. Naquela noite, Clara resolveu descer para jantar com todos. Sentaram-se cada um em seu lugar, e tanto Gustavo como Débora tudo faziam para não demonstrar a emoção ao estarem próximos um do outro novamente.

Após o término do jantar, Gustavo pediu para que ninguém saísse da mesa, pois ele tinha um comunicado para fazer. Débora ficou vermelha e sentiu medo. Será que Gustavo a mandaria embora, pelo que havia acontecido? Ele, por sua vez, percebendo a dificuldade de Débora entender o que estava se passando, foi logo ao assunto:

— Gostaria de comunicar a todos que a partir de amanhã eu e minha esposa procuraremos uma criança recém-nascida para adotar, que deverá fazer parte de nossa família para sempre.

Débora não compreendia por que eles haviam decidido tudo tão rapidamente. Por outro lado, sentiu-se feliz e tranqüila, ao saber que não sairia daquela casa, nem mesmo ficaria longe de Gustavo.

Clara aproveitou a oportunidade para pedir a Gustavo que daria preferência a uma menina, pois já tinha Roberto, filho de Débora, que morava com eles. Caso fosse uma menina, formariam um casal.

Débora achou melhor, pois sendo menina, de certa forma, não competiria com Roberto em nada: teria roupas diferentes, gostos diferentes, brinquedos diferentes, até mesmo a educação não seria a mesma.

Gustavo aceitou e disse que conversaria com Lourdes, para que talvez por seu intermédio fosse possível a indicação de alguma recém-nascida para uma adoção legal.

Lourdes ficou feliz, pois já sabia o quanto Clara desejava aquela criança, ou melhor, pensava que sabia.

Nesse momento, Clara pediu para que Lourdes a acompanhasse até o quarto, mas como de costume Gustavo acabou levando-a em seus braços.

Clara viu por segundos um brilho diferente nos olhos de Gustavo. Achou que poderia ser a alegria de saber que mais dia menos dia estaria com uma neném dentro de sua casa.

Gustavo despediu-se de Clara com um beijo no rosto; em seguida, desceu para tomar seu café como de costume.

Chegando à sala de jantar, Gustavo percebeu que Débora ainda estava lá com Roberto já quase adormecido.

Gustavo pediu para que Juliana ficasse um pouco mais na sala com Débora, para que pudesse conversar a respeito da adoção. Juliana ficou muito feliz, pois sabia que uma criança traria uma motivação maior para aquela casa, ainda mais sendo uma menina.

Débora, percebendo que Gustavo a olhava fixamente esperando por algum comentário seu, aproveitou para perguntar a ele de quem havia partido a idéia da adoção. Não ficou surpresa ao descobrir que havia sido de Clara.

Gustavo pediu para que Juliana tomasse conta de Roberto, também da criança que iriam adotar, pois já tinha confiança em seus serviços e sabia que para cuidar de um recém-nascido era necessário muita responsabilidade, o que Juliana sempre demonstrou ter.

Também era certo que seu ordenado seria dobrado, mesmo porque já estava pensando em oferecer um salário melhor a ela e talvez aquele fosse o momento mais adequado para fazê-lo.

Gustavo lembrou também de dizer a Juliana que em sua empresa estavam necessitando de uma pessoa que soubesse trabalhar como jardineiro e a empresa oferecia um bom salário. Débora havia comentado com Gustavo tempos atrás, quando da admissão de Juliana, que o pai dela já havia trabalhado com plantas, sempre gostou de mexer com a terra, gostava de arrumar os jardins, mas que infelizmente não encontrava mais colocação naquela área, por mais que procurasse.

Débora, disse a Gustavo para não se preocupar, pois mesmo se um dia Juliana voltasse a estudar, ele poderia contar com sua ajuda no período que ela ficasse na escola.

Débora sabia que dessa maneira seria mais fácil ficar ao lado de Gustavo, sem que ninguém desconfiasse de nada.

Juliana ficou feliz naquela noite e nem conseguiu dormir direito, pois há tempo que, pelo fato de ajudar em sua casa, acabava ficando sem dinheiro. Agora, além de poder voltar a estudar, teria como custear seus estudos e ainda sobraria dinheiro para que pudesse comprar algumas coisas que há muito necessitava. Enquanto conversavam, Roberto dormiu nos braços de Débora, que em seguida levantou para levá-lo para o quarto.

Mais que depressa, Gustavo pegou o menino de seus braços e delicadamente subiu com ele e o colocou na cama.

Débora preferiu ir até a cozinha e, com uma desculpa de verificar se estava tudo em ordem, esperou que Gustavo fosse deitar-se para subir para seu quarto.

No dia seguinte, Lourdes ligou para a clínica onde havia trabalhado, para saber da possibilidade de alguma mãe estar oferecendo o filho para adoção, e de imediato não encontrou nenhuma.

Alguns dias se passaram, até que ligaram da clínica para que Lourdes fosse até lá com Gustavo, pois uma das enfermeiras conhecia uma moça, que havia dado a luz à uma menina dias antes e, por ser muito jovem, queria viajar para longe para poder continuar seus estudos, pois era de uma família muito rica. Estava no Rio de Janeiro justamente para que tudo acontecesse bem longe da cidade onde viviam seus pais. Sabia que caso descobrissem, não a perdoariam pelo fato de ter ido contra as suas determinações.

Caso tudo desse certo, a mãe entregaria a criança para adoção e iria embora para nunca mais voltar. Havia se interessado em doar a criança ao saber que a família tinha posses o suficiente e poderia garantir um belo futuro para sua filha.

Lourdes não perdeu tempo: pediu a Débora para ficar com Clara, pegou o motorista da família e foi ao escritório de Gustavo. Lá chegando, dispensou o carro e entrou para conversar com ele.

Assim que se inteirou da situação, Gustavo pegou o carro e foram direto à clínica.

Quando chegaram, a enfermeira já estava à espera para levá-los até o quarto de Izabella.

Era realmente uma criança muito linda. Mesmo tendo nascido há pouco tempo, já se percebia em seu rosto a suavidade aveludada da pele. Viram também que a menina tinha dois belos olhos azuis da cor do céu.

Gustavo, ao olhá-la, se encantou. Conversou apenas o necessário com Izabella, respeitando aquele momento de pouca maturidade, desequilíbrio e dor pelo qual passava aquela mãe.

Acertaram que assim que Izabella saísse do hospital a neném iria direto para a casa dele, mas como Lourdes achava melhor que a menina tivesse uma amamentação natural, ficou resolvido que Izabella ainda ficaria na cidade por pelo menos alguns meses, para poder retirar e enviar todos os dias seu próprio leite para a amamentação da filha.

Lourdes pediu para Gustavo permitir que Izabella ficasse com a criança um pouco mais, pois assim seria mais fácil amamentá-la. Ele pensou um pouco e depois recusou a idéia, pois seria doloroso para a mãe e para a filha depois disso uma separação; também poderia correr um risco maior. Caso Izabella se apegasse à neném, poderia ir embora com ela. Gustavo sentia que, caso isso acontecesse, ele não teria meios de poder evitar.

Gustavo sabia que Izabella tinha muitas posses, mostrava-se uma boa moça; mesmo assim achou melhor deixar as coisas da maneira que já tinham sido resolvidas.

Saíram da clínica felizes, pois tanto Gustavo como Lourdes perceberam que aquela criança fora encaminhada a eles graças à vontade de Deus, pois além de muito bela, tinha muita saúde. Era uma menina, com certeza fora muito bem cuidada durante toda sua gestação, com bons médicos e também com uma excelente alimentação.

Agora era esperar mais alguns dias para que Izabella pudesse acompanhar Gustavo para tratarem da adoção.

Assim que chegaram em casa, Gustavo foi direto para o quarto de Clara contar a novidade. Ela ficou feliz, pois mesmo não tendo cometido aborto, não se perdoava pelo fato de saber que o teria feito se tudo não tivesse acontecido daquela maneira.

Naquela noite, durante o jantar, todos pareciam mais alegres, até mesmo Juliana, que ficou encantada ao saber como era bonita a pequenina.

Quando Clara pediu para que a levassem para seu quarto, como sempre Gustavo o fez, mas, antes de subir, Clara pediu para que Débora a acompanhasse para conversarem um pouco, pois ainda era cedo e, como estava muito quente, quase ninguém iria conseguir dormir naquele horário.

Assim que Gustavo desceu, Débora pediu para que ele ficasse um pouco com Roberto, que ainda não estava com sono, para que ela pudesse atender ao pedido de Clara.

A idéia agradou tanto a um como a outro, e em seguida saíram para ficar um pouco no jardim.

Débora subiu assim que pôde, sentou-se ao lado da cama de Clara e deu continuidade à história de seu passado.

Um pouco envergonhada pelo que havia acontecido dias atrás, evitava encarar Clara. Procurava sempre que possível desviar o seu olhar.

Procurando iniciar de vez a conversa, disse:

— Bem, como minha prima disse, dependia apenas de minha resolução em ficar ou não. Pensei um pouco e percebi logo que não teria nada a perder caso ficasse.

Estava muito só; precisava sentir-me amada, quem sabe permanecendo mais ali, conseguiria entender melhor a religião de tia

Aldinéia, pois para mim era muito difícil imaginar que minha mãe, mesmo após ter desencarnado, tivesse vindo em meu socorro por intermédio da prima Cristina.

Na manhã seguinte, resolvi que continuaria por ali ainda durante algum tempo, idéia que muito agradou a todos.

Passei a me sentir mais tranqüila e segura pelo fato de estar entre meus parentes. Daquela semana em diante, todas as quartas-feiras, sempre as acompanhava até a Casa de Caridade. Logo que entrei, senti muita paz dentro de meu coração. Era como se alguém muito querido estivesse à minha espera ali, tão grande foi a sensação de preenchimento do vazio que minha alma apresentava há muito tempo.

Naquela noite, o senhor Diógenes, dirigente do trabalho mediúnico, ao receber seu mentor espiritual, agradeceu a minha presença e falou:

"Que onde quer que vás, seja recebida sempre com muita paz, amor e compreensão.

Está passando por momentos difíceis; talvez seja esse o motivo de termos conseguido permissão para poder auxiliá-la. Muitos outros espíritos, amigos desde outras encarnações, torcem incessantemente para que você consiga realizar com méritos tudo que lhe foi designado por nosso Pai, ainda nesta jornada.

Quando pensava que tudo estava perdido, chega nosso piedoso e caridoso Pai, confortando-a por meio daqueles que vivem em prol de emanar sempre energias benéficas para transmitir para os que necessitam de uma saída para qualquer dificuldade que os cerca.

Hoje agradecemos sua presença, aproveitamos para pedir que não somente venha assistir a nós, mas que também procure sentir, entender e estudar, para que consiga assim adquirir conhecimentos para que possa manter não somente hoje, mas sempre, o equilíbrio de seu espírito.

Aqueles que muito a amaram na terra, seus pais, deixam-lhe uma mensagem, para que seja seguida sempre como sendo a sua lição de casa, **Orai e Vigiai***, esteja sempre de sentinela para que não tenha de arrepender-se jamais, por não ter aproveitado essa oportunidade oferecida a você por nosso Pai.*

Que a paz do senhor esteja com todos, que bálsamos energizantes fluam através do etéreo sobre seus espíritos, para que possam saber fazer bom uso de tudo o que o Senhor vos ensinou".

— Foram palavras fortes, que me fizeram voltar a ter fé, esperança e até mesmo viver melhor.
Fiquei ainda por vários meses na casa de tia Aldinéia. Sempre que podiam, depois do jantar, reuniam-se na sala onde nossa tia procurava nos dar mais esclarecimentos e tirar algumas dúvidas que nos vinham à mente quanto ao espiritualismo. Em seguida, Cristina lia algum trecho do Evangelho, escolhido ao acaso para aquele dia e passávamos um bom tempo trocando idéias e opiniões a respeito do que ela havia lido.
Aquilo me trazia muita paz e, não demorou muito para que eu readquirisse tranqüilidade e equilíbrio.
Os meses se passavam e eu precisava voltar para minha cidade, retornar para minha casa; mesmo sabendo que seria muito difícil para mim ficar sozinha no estado em que estava, sabia que estaria sendo assistida e ajudada, de acordo com o meu merecimento, sempre que possível.
Saí com Cristina para comprar minha passagem e qual não foi minha surpresa quando voltei e minha tia, ao se despedir, presenteou-me com um exemplar do *Evangelho Segundo o Espiritismo,* de Allan Kardec.
Tudo correu bem em minha viagem de volta. Depois disso, graças a sua ajuda, Clara, consegui superar todos os acontecimentos.
Sempre tive vontade de dizer a você o quanto eu fui grata por sua ajuda e a de Gustavo, mas sempre fiquei envergonhada. Hoje, porém, você sabe da minha vida como ninguém e agradeço sempre aos céus por tê-la colocado em meu caminho, pois você sempre se mostrou uma grande amiga.
Débora terminava de falar com Clara, quando Gustavo entrou e disse que já havia colocado Roberto para dormir em seu quarto. Débora, agradecendo, despediu-se de Clara e foi para seu quarto.
Assim que ficou sozinha, Clara demorou muito tempo para dormir. Lembrava como era sua vida antes do acidente, pensou o quanto não teria sido egoísta em tentar pôr fim a sua gravidez.
Sabia que o que estava passando no momento era, sem dúvida, em razão de suas inconseqüências.
Aos poucos, sentia suas pálpebras cada vez mais pesadas, e acabou dormindo.
No dia seguinte, pela manhã, Gustavo ainda não tinha saído de casa quando o telefone tocou. Débora correu para atender. Quando

percebeu que era a mesma mulher que fez com que Clara se transfigurasse tanto, não sabia se deveria passar a ligação ou não. Nisso Gustavo despediu-se, saindo para trabalhar. Débora pediu para que a moça esperasse um pouco na linha que em seguida passaria a ligação. Quando ficou sozinha, Débora entregou-se à curiosidade de saber quem era na verdade aquela mulher. Mesmo tendo passado a ligação para Clara ficou na escuta na extensão.

Clara, quando ouviu a voz de Flávia, ficou atordoada, mas em seguida falou:

— Pois não.

Do outro lado da linha, Flávia não perdeu tempo com muitas explicações e foi logo dizendo:

— Você já resolveu o que fazer a respeito de meu dinheiro?

Clara, percebendo a intenção da moça, ficou apreensiva e, para ganhar um pouco mais de tempo, disse:

— Gostaria que você esperasse um pouco mais.

Flávia notou que Clara estava tirando o corpo fora e com raiva, respondeu:

— Se você não arrumar meu dinheiro até o fim deste mês, irei até sua casa e contarei tudo ao seu marido. Não se esqueça que eu tenho como provar. — Em seguida, desligou o telefone.

Clara sentiu que as coisas estavam ficando cada vez mais difíceis de serem resolvidas e, para piorar a situação, no acidente, não se sabe como, sua bolsa com alguns de seus documentos e seu talão de cheques acabou desaparecendo.

Como não precisava de dinheiro pelo fato de estar impossibilitada de andar, não pediu para Gustavo providenciar novas documentações; sabia apenas que como seu marido havia comunicado ao banco o desaparecimento, seu talão de cheques havia sido bloqueado.

Em uma crise nervosa, desabou a chorar, pois não sabia como resolver tudo.

Por sua vez, Débora, que tinha escutado toda a conversa pela extensão do telefone, nem mesmo sabia o que pensar. O que teria feito Clara de tão sério e errado, que agora sofria na mão daquela moça, Flávia?

Pensou até em ajudá-la, mas não sabia como dizer que estava a par do que estava acontecendo com ela. Como poderia admitir que escutou a conversa pela extensão Clara não confiaria mais nela.

Pensou melhor e resolveu que chegaria devagar ao problema de uma outra maneira. Pegou uma xícara de chá e subiu para o quarto de Clara. Quando chegou lá, encontrou-a aos prantos. Lourdes disse que Clara havia ficado assim depois de ter atendido a uma ligação telefônica e que não sabia o que fazer.

Débora, mais ou menos sabendo o que acontecia com a amiga, pediu para que Lourdes descesse um pouco e a deixasse sozinha para que pudesse conversar mais à vontade. Lourdes, com toda sua discrição, saiu rapidamente sem nada perguntar.

Débora viu naquele instante a abertura que precisava para poder entrar no problema. Pegou uma cadeira, sentou-se ao lado de Clara e perguntou:

— Clara, o que está acontecendo com você?

Clara, sem poder responder de tanto soluçar, apenas sacudia a cabeça como se quisesse dizer que não era nada.

Débora insistiu dizendo:

— Clara, sabe que sou sua amiga e que devo muito a você, portanto tenha certeza de que em tudo que você precisar estarei pronta para ajudá-la sem mais explicações. Sinto que você está com algum problema sério, e faz questão de que ninguém nesta casa saiba. Não consigo entender o que possa ter feito, para deixá-la em tamanho desespero, mas enfim pense melhor e veja, talvez eu possa ajudá-la sem interferir, até mesmo sem saber o que está acontecendo, se essa for a sua vontade.

Clara de repente parou de chorar e percebeu que Débora poderia ser uma luz no fim do túnel, pois mesmo contra sua vontade estava entregue nas mãos dos outros, em razão de seu estado.

Sendo assim, quem sabe não seria melhor se fosse Débora?

Dizendo isso, Débora não a forçou a contar, pelo contrário, já ia descer quando ainda na porta disse novamente a Clara que se quisesse, poderia chamá-la a qualquer momento para conversar.

Débora saiu do quarto, deixando Clara entregue a sua própria sorte e seus pensamentos. Quando Lourdes ia subir para o quarto, Débora pediu-lhe para que não o fizesse naquele momento; que esperasse um pouco mais, para que Clara tivesse um tempo maior para trabalhar todos os acontecimentos em sua cabeça.

No dia seguinte, logo pela manhã ligaram do hospital pedindo que Lourdes fosse buscar Izabella e a neném.

Lourdes pediu para que Débora telefonasse para Gustavo para ver o que ele queria que fizesse e, após o telefonema, Lourdes saiu ao encontro de Gustavo para juntos resolverem tudo.

Quando Gustavo e Lourdes chegaram ao hospital, Izabella já os esperava e a neném dormia tranqüilamente em seu berço. Gustavo pediu licença a Izabella, pegou a criança e, após se despedir da mãe, levou a menina para sua casa.

Chegando em sua casa, Gustavo ligou para o advogado de sua empresa, para que tomasse as providências cabíveis para que a adoção da menina se tornasse legal. Pediu também para que Débora cuidasse da menina e só a mostrasse a Clara na hora do jantar; sabia que aquele momento seria de extrema importância e alegria para ela.

No hospital, Izabella chorou ainda por algum tempo, depois preferiu voltar ao seu apartamento, onde já morava havia quase oito meses.

Sentia muita tristeza em seu coração, mas mesmo assim compreendia que sua filha sem dúvidas teria um belo futuro, seria muito querida pelos seus pais adotivos. Agora sabia que teria de permanecer ali ainda por alguns meses, para poder dar conta da amamentação da filha, pois era o que havia combinado com Gustavo. Ela tinha consciência que seria melhor para sua filha receber da própria mãe a amamentação.

Durante o tempo que ainda teria de ficar no Rio de Janeiro, aproveitaria para cuidar das documentações necessárias, para cuidar de sua transferência para a faculdade, na cidade onde moravam seus pais.

Apesar de ter agido daquela maneira, Izabella aprendeu muita coisa durante o tempo em que, mesmo grávida, havia ficado sozinha. Algumas vezes se parava para perguntar como seria caso não encontrasse alguém para ficar com sua filha. Que faria, então?

Agora, mais tranqüila, poderia retornar à sua vida normal; sabia que ainda teria de estudar muito, para poder assumir a direção de tudo o que seus pais entregariam em suas mãos.

Naquele dia na casa de Gustavo era tanta euforia que Roberto não conseguia parar quieto em lugar nenhum e Juliana não sabia o que fazer para esconder tanto contentamento. Se fosse filha dela, não estaria se sentindo tão feliz, mesmo porque toda esperança de aquela casa continuar feliz estava nas mãos daquela linda criancinha que Jesus havia direcionado para viver ali.

Até o jantar naquela noite era mais especial. Quando chegou a hora de trazer Clara para baixo, Gustavo havia avisado a Lourdes para que deixasse que ele mesmo a bucaria.

Já eram quase 19 horas, quando Gustavo entrou no quarto de Clara e avisou a Lourdes que Débora precisava de sua ajuda lá em baixo, que poderia descer que em seguida ele mesmo levaria Clara para jantar.

Esperou ainda mais uns dez minutos para descer com Clara. Assim que chegou ao pé da escada e foi colocada em sua cadeira de rodas, viu um carrinho de criança perto do lugar que sempre foi o seu preferido e, não conseguindo falar nada, percebeu que todos a olhavam esperando por uma reação espontânea. Quando se dirigiu ao encontro do carrinho, levantou a manta que o cobria. Percebeu então o rosto lindo de um neném de apenas poucos dias.

Não se contendo, começou a chorar. Terminou por perder o controle da situação. Ninguém disse nada; todos se calaram. Na verdade pensavam que fosse por alegria que Clara chorava tanto, não pensavam que suas lágrimas fossem na verdade de remorso. Por segundos, veio à tona a difícil decisão que havia tomado, de dar fim em sua gravidez. Uma dúvida certamente morreria com ela. Caso tivesse deixado tudo correr normalmente, estaria na mesma situação?

Gustavo levantou-se. Percebendo que Clara entristecera, procurou ficar ainda mais próximo dela como se com isso conseguisse tranqüilizá-la um pouco mais.

Passaram-se apenas alguns minutos para que o clima de festa se restabelecesse, e Débora, para cortar o gelo, perguntou:

— Alguém já resolveu qual será o nome da menina?

Gustavo, sem dar chance para que Clara falasse alguma coisa, foi logo respondendo:

— O nome dela será Viviane; já havia escolhido esse nome caso nossa filha fosse mulher.

Depois, percebendo que nem havia dado a oportunidade de Clara escolher, se desculpou dizendo:

— Você não acha esse nome bonito, meu bem?

Clara, percebendo que não teria outra saída senão aceitar, achou melhor responder que sim.

Daquele dia em diante, tudo naquela casa se modificaria. Era só esperar para que os acontecimentos trouxessem a todos uma resposta que viesse ao encontro do que na realidade era esperado.

Juliana passou a cuidar de Viviane, com muita dedicação e, mesmo tendo que trabalhar mais, não se importava, sentia-se feliz ao lado das crianças.

Naquela noite, Clara não conseguiu dormir direito. Sabia que mais dia menos dia, Flávia a cobraria de uma resolução que ainda não tinha tomado. Preocupada em abrir-se com Débora, mas não tendo muita escolha, resolveu que no dia seguinte colocaria a amiga a par de todos os acontecimentos.

Apesar de Viviane ter chegado na noite passada, já sentia que aquela criança a ajudaria a superar alguns problemas que ainda viriam.

Na manhã seguinte, Débora fez questão de levar o café da manhã para Clara. Assim que entrou, procurou fazer com que ela se animasse um pouco mais. Após colocar o café da manhã em sua mesa de cabeceira, foi em direção à janela, abrindo-a para que Clara pudesse presenciar o brilho dos raios solares que teimavam em permanecer dentro de seu quarto.

Em seguida, perguntou a Clara se ela queria que Viviane subisse um pouco para ficar com ela. Clara, esforçando-se para ter coragem, disse a Débora que gostaria de conversar com ela em particular caso tivesse tempo.

Débora percebeu que poderia ser aquele momento o marco de um compromisso, que não sabia se conseguiria levar adiante.

Não podendo expor seus pensamentos, não tinha como explicar à amiga que já não sentia vontade de participar de seus problemas. Sentia que já não era mais tão dona de seu coração, que por ironia da vida, mesmo sem o desejar, estava amando Gustavo.

Seria bom poder ajudar Clara, mas também dependendo do que ela dissesse seria mais um problema a carregar durante um bom tempo. Pressentia que Clara escondia um segredo, e que a partir daquele dia poderia estar se comprometendo em ajudar a enganar a pessoa que ela muito amava na vida.

Não lhe restando outra alternativa, puxou a cadeira e sentou-se para poder conversar e ouvir mais à vontade tudo o que a amiga tinha para lhe falar.

A cada palavra de Clara, o coração de Débora parecia saltar de dentro de seu corpo. Grande era sua tristeza pelo egoísmo de Clara, que não pensava nem um pouco em Gustavo.

Débora se sentiu arrasada; era difícil reunir forças para ouvir tudo o que Clara tinha a dizer. Pensava que a causa poderia ser outro homem. Quem sabe Clara tentando abrir-se com alguém a tivesse procurado, mas não... Era mais forte, era muito pior...

Por vezes viajava em suas imaginações. Como podia ter vivido tanto tempo com Clara e nunca ter percebido tamanha crueldade dentro de seu coração? Por um lado, era grata pela ajuda recebida, por outro se surpreendia ao ver o tipo de pessoa com quem havia convivido durante todos esses anos, de nunca na verdade ter sentido em seu interior o tipo de pessoa que realmente ela era.

Débora ficou um tempo quieta, sem conseguir dizer nada.

Clara esperou um pouco. Como não obteve palavra alguma da amiga, não conseguiu segurar as lágrimas que desciam pela sua face.

Por um segundo, Débora chegou a pensar que Clara não merecia ter Gustavo como marido. Durante todos aqueles anos em que convivera com os dois, sempre viu o amor e o carinho que ele dedicava a ela. Sentiu muita revolta em seu espírito. Sem dizer uma só palavra, levantou-se, e saiu para respirar um pouco, pois sentia-se asfixiada naquele quarto.

Clara, sem poder correr atrás da amiga, continuou chorando o arrependimento que tomava conta de seu coração.

Algumas horas se passaram para que Débora voltasse a adquirir seu equilíbrio. Lembrou de sua tia Aldinéia. Sabia que aquele era o momento de aprender a passar por seus sentimentos mais íntimos, analisar um pouco melhor o que poderia ser feito para ajudar Clara naquela enrascada em que se havia metido.

Era difícil para ela saber qual atitude tomar, pois se ajudasse a sua amiga estaria certamente traindo a confiança de Gustavo.

Por mais que pensasse, sabia que estava sendo colocada à prova, de tudo que aprendera e vivenciara tempos atrás.

Achou melhor esperar. Talvez alguma idéia mais sensata e equilibrada passasse por sua cabeça.

Estava dispersa em seus pensamentos, quando Juliana a chamou para almoçar. Permanecia tão centrada em seus pensamentos que nem percebeu o tempo passar.

Naquele dia, Clara não quis descer para almoçar. Lourdes levou sua comida e, por mais que insistisse, trouxe de volta a bandeja sem nem mesmo ter sido tocada.

Foi difícil para Débora conseguir tranqüilizar-se e dormir naquela noite; parecia que quando fechava os olhos, seu corpo estremecia ao lembrar de tudo o que Clara lhe havia contado. Já era madrugada quando conseguiu dormir um pouco.

Na manhã seguinte, suas olheiras faziam questão de mostrar a todos o problema pelo qual estava passando.

Quando Gustavo se sentou para tomar seu café da manhã, Débora chegou perto dele e pediu para conversar. Mais do que depressa, ele aceitou prontamente. Débora ainda preocupada, disse:

— Gustavo, sei que a hora não é apropriada para falar com você, mas gostaria de pedir para que permitisse meu afastamento por alguns dias, pois preciso resolver um assunto particular.

Gustavo ficou preocupado. Durante o tempo em que Débora trabalhou com eles, nunca havia pedido para sair de férias. Foi logo perguntando:

— Aconteceu alguma coisa? Precisa de ajuda?

Sem poder se abrir em relação ao motivo de seu afastamento, Débora apenas lhe falou que havia recebido uma carta de sua tia pedindo para que ela fosse ao seu encontro o mais urgente possível e aproveitou para comunicar que também levaria Roberto, pois desde sua gravidez não mais voltara à casa de sua tia, portanto ninguém o conhecia.

Gustavo não queria intrometer-se na vida de Débora, desrespeitando sua privacidade. Apenas insistiu em perguntar:

— Precisa de dinheiro para a viagem?

Débora agradeceu seu interesse, mas recusou, pois tinha como fazer essa viagem até mesmo com certa tranqüilidade.

Sem comunicar para Clara, naquela mesma tarde seguiu viagem com Roberto para visitar sua tia Aldinéia; preferiu viajar quase ao anoitecer para poder fugir do calor que naquela época do ano era insuportável.

Chegaram logo ao amanhecer e, como não haviam avisado, tiveram de tomar um táxi para poder chegar a seu destino.

Sua prima Cristina estava cavalgando e, quando percebeu um carro diferente em suas terras, procurou mudar a direção para ver quem era o visitante não esperado, jamais imaginando tratar-se de Débora.

Com imensa alegria percebeu, quando o vidro do carro desceu, que sua querida prima estava de volta. Não coube em si de contentamento e continuou seguindo o carro até que parasse em frente à casa principal da fazenda onde sua tia morava.

Assim que entraram, sua tia estava colocando o café da manhã na mesa. Aquele cheiro de seu bolo de fubá fazia com que Débora lembrasse ainda com muito mais carinho o tempo que havia passado naquele lugar.

Durante todo o tempo que permaneceu afastada dali, apenas se comunicavam por cartas. Sabiam do nascimento de Roberto e estavam sempre à espera de uma oportunidade para conhecer o garoto.

Quando Roberto entrou correndo pela sala, tia Aldinéia abraçou-o e logo fez Roberto ficar à vontade naquele lugar.

Débora abraçou-a, com os olhos lacrimejantes, pois sempre que encontrava com sua tia sentia a proximidade de sua mãe. Era como se ela também estivesse lá à espera que mais dia menos dia os dois chegassem.

Sentaram-se à mesa para comer os deliciosos pães e bolos feitos por sua tia, os quais abriam o apetite de qualquer um. Roberto comeu tanto que logo em seguida procurou deitar no sofá da sala e em poucos minutos acabou dormindo.

Estava cansado, pois não estava acostumado a viajar e estranhou muito não poder dormir em sua cama. Acabou ficando com seu corpo irritado e não descansou. Agora não tinha outro jeito, tia Aldinéia pediu para que arrumasse o quarto de hóspedes e em seguida o levou carinhosamente para sua cama.

Ao voltar, tia Aldinéia convidou Débora para sentar no terraço para conversarem melhor.

Aos poucos, Débora contou para Aldinéia e também para Cristina o motivo que a havia levado para aquela viagem e, mesmo depois de falar toda a verdade, percebeu que sua tia não fizera nenhuma pergunta.

A cada dia, Débora aprendia um pouco mais com sua tia, por vezes até mesmo a invejava, no bom sentido. Era tanta grandeza e sabedoria que ela mostrava, que Débora se orgulhava de fazer parte de sua família.

Depois de ouvir a história até o fim, pensou um pouco e em seguida disse para Débora:

— Bem... O que na realidade a trouxe até aqui?

Débora, meio envergonhada por seu despreparo, respondeu:

— Creio que pensei em conversar um pouco com o sr. Diógenes, quem sabe ele não possa auxiliar-me?

Aldinéia havia percebido o quanto aquela decisão era importante para Débora. Como depois de dois dias seria a reunião que participavam semanalmente, disse:

— Bem, aproveite esses dois dias para descansar um pouco e levar Roberto para conhecer tudo por aqui. Em breve iremos à Casa de Caridade e solicitaremos uma consulta para que você possa perguntar o que deseja, está bem?

Débora percebeu que de nada adiantaria muita pressa. Achou mesmo melhor que pudesse aproveitar aqueles poucos dias para restituir o equilíbrio que havia perdido e também todo o seu cansaço.

Cristina a convidou para cavalgar, mas Débora achou melhor tomar um banho e descansar um pouco, também para se preparar para o almoço.

Aqueles dois dias para Roberto pareciam um sonho. Tudo era novidade e todos o amavam. Como já não havia mais criança pequena no lugar, ele acabou sendo muito mimado por todos.

O tempo passava rapidamente. Imensa era a alegria de estarem unidos novamente em um sentimento de muita paz e de muito amor.

No dia da reunião, Débora se sentiu ainda mais preocupada e não via a hora de juntas irem para a Casa de Caridade.

Eram quase 19 horas, quando tia Aldinéia, Cristina e ela entraram na sala. Poucos lugares ainda continuavam desocupados. Naquela noite, a casa estava quase cheia e assim que sr. Diógenes entrou no recinto, logo percebeu a presença de Débora, e apenas com uma troca de sorriso demonstrou a alegria de novamente tê-la naquele local.

Em poucos minutos a sessão começava. Como Cristina já havia desenvolvido quase que totalmente a sua espiritualidade, já fazia parte do corpo mediúnico da casa. Sentava-se ao lado do dirigente e se mostrava sempre uma médium exemplar.

Tia Aldinéia preferiu ficar na assistência para atender e fazer companhia a Roberto, que não entendia nada e por vezes pedia para sair para brincar.

Pouco tempo após a abertura dos trabalhos, Cristina trazia novamente à mesa o espírito de Fátima, mãe de Débora:

"Boa noite irmãos, mais uma vez agradeço a Deus, pela permissão de poder estar vindo novamente, em auxílio daquela a quem em vida muito amei. Sabemos que o que a traz aqui nesta noite é o fato de ainda não ter aprendido a realmente controlar seu equilíbrio espiritual. Como sabemos, está passando por problemas que em verdade não são seus, mas que a tocam de uma maneira que você, minha filha, não está conseguindo trabalhar. Já esperávamos por sua presença nesta noite; queremos que escute com atenção tudo o que nos foi permitido passar para o seu conhecimento.

Clara, aquela que sempre se mostrou amiga fiel, sempre procurou fazer de tudo para estragar a sua felicidade em encarnações anteriores. Por causa dela, você nunca conseguiu ser realmente feliz, pois a cada momento de felicidade, ela sempre se colocava em sua frente para atrapalhar tudo.

Em uma vida passada, tanto ela fez que conseguiu separar você de Tibério, que hoje nada mais é senão Gustavo; você sempre o amou verdadeiramente, mas quando ela percebia que podia perdê-lo para você, usava de artimanhas sujas e baixas para que, se não o tivesse, ao menos conseguir a alegria de vê-los separados.

Na última encarnação, tanto fez que conseguiu engravidar de Tibério, mesmo sabendo que faltavam poucos meses para que seu casamento com ele se concretizasse.

Sendo bondoso e respeitador, sabendo do filho que estaria para chegar, resolveu afastar-se de você e, mesmo não se casando com ela, assumiu de vez sua filha.

Estela, que hoje se apresenta como Clara, percebeu que de nada adiantou tudo o que havia feito para que Tibério se casasse com ela. Como ele sempre foi muito unido a você em tempos passados, não se sentia feliz ao ter de ficar forçado ao lado de Estela.

Quando ela percebeu tudo, passou então a maltratar sua filha Renata, que hoje Gustavo recebe novamente como filha adotiva, desta vez com o nome de Viviane.

Por tanto destrato, Renata adoeceu e, após alguns anos sem resistir mais, faleceu, Renata seria um espírito que viria para ajudar Tibério a conseguir realizar com mais amor o que lhe haviam estabelecido.

Quando Renata faleceu, Tibério, depois de passado algum tempo, ainda tentou procurá-la, mas em vão. Foi tamanha sua tristeza que você acabou entrando em um convento e não saindo pelo resto de sua vida.

Não tenho permissão de contar mais nada, apenas isso me foi permitido. Quem sabe assim você não encontra a resposta pela qual veio até aqui hoje buscar..."

Débora parecia estar em transe, pois tamanha era a veracidade daquilo que ouvia, que apenas tinha de agradecer ao céu por tanta ajuda.

Antes de despedir-se, Fátima mandou um grande abraço para sua irmã que se encontrava naquele mesmo recinto e agradeceu também pelo fato de estar sempre pronta a prestar a caridade a todos aqueles que realmente necessitavam:

"Boa noite, minha filha, nós acreditamos que já está na hora de você ser realmente feliz".

Em seguida outro médium trouxe mais algumas mensagens, e após o passe energético, o sr. Diógenes fechou a sessão.

Ao terminar, Diógenes veio ao encontro de Débora, abraçou-a com carinho, dizendo que gostaria que ela participasse também das reuniões em sua Casa de Caridade.

Mesmo sabendo de sua espiritualidade, Débora sentia que ainda não havia chegado a hora, que ainda tinha muito para resolver, e não se sentia preparada. Quem sabe algum dia mais tarde sentisse mais firmeza para poder também auxiliar os mais necessitados...

No caminho de volta pouco se falou e ninguém quis tocar no assunto. Chegaram em casa e tia Aldinéia foi logo colocando Roberto em sua cama. Cristina foi aquecer um chá na cozinha e Débora achou melhor tomar um banho, como se assim conseguisse colocar de vez seus pensamentos em ordem.

Foram tantas informações que, agora, Débora já tinha algumas respostas para as perguntas que há muito afligiam sua alma. Eram apenas mais três dias, mas sabia que seria suficiente para encontrar uma resposta melhor a tudo o que viera buscar.

Na manhã seguinte, enquanto tomavam o café da manhã, tia Aldinéia ainda insistiu para que Débora e Roberto ficassem mais algumas semanas em sua casa, mas dessa vez pouco adiantou. Débora sabia de suas responsabilidades, e também de nada adiantava prolongar ainda mais certos acontecimentos; mesmo que ficasse ali por mais tempo, quando chegasse teria de enfrentar sem dúvidas o mesmo problema. Não adiantaria fugir.

Como tudo o que é bom termina rapidamente, chegou o dia de Débora ir embora. Ainda pela manhã pediu a Cristina que saíssem mais cedo, pois gostaria de fazer um passeio pela cidade, porque quando chegou de viagem, estava tão cansada que não prestou atenção em nada.

Almoçaram alegremente e em seguida se despediram; tia Aldinéia sabia que graças à força espiritual de Débora ela estava sendo muito bem assistida pelo plano espiritual e isso a deixava mais tranqüila.

Pensou até em perguntar na última hora, o que a sobrinha havia resolvido, mas se segurou e não o fez; talvez nem mesmo Débora ainda soubesse qual atitude tomar diante dos problemas que tentava solucionar.

Durante a viagem de volta, Roberto não lhe deu problemas. Estava mais descansado e apenas chorou quando se despediu de todos. Fez sua mãe prometer que em breve o traria de volta, para visitar todos aqueles que com carinho, ganharam seu coração.

Débora tentou aproveitar ainda mais a viagem de volta, olhando as paisagens, às quais quando veio, por ser noite, não pôde apreciar.

Chegaram à casa de Gustavo já pela madrugada. Como não havia avisado ninguém que voltariam, assim que chegaram à rodoviária do Rio de Janeiro, pegaram um táxi e logo chegaram.

Estavam todos dormindo e Débora com as chaves da casa achou melhor subir direto, procurando não fazer barulho. Tomaram banho e foram dormir.

No outro dia logo cedo, Roberto já corria pela casa. Mesmo tendo cinco anos de idade, todos se preocupavam em atendê-lo, pois sempre se mostrou uma criança muito mimada. Procurava chamar a atenção de todos de uma maneira em geral.

Débora colocou a mesa, e estava ainda tomando o seu café quando Gustavo desceu, alegre pelo fato de saber que ambos estavam de volta.

Abraçou Roberto, rodopiou seu corpinho; a bagunça era tanta que Viviane acordou.

Juliana subiu para cuidar da menina, que não se mostrava uma criança calma. Estava sempre choramingando, mesmo que nada lhe faltasse; assim Juliana ficava a maior parte do tempo junto dela.

Não era sempre que Clara pedia para que levassem Viviane para ficar com ela; parecia não gostar da criança, ou se gostava era de uma maneira diferente das outras pessoas.

Logo após o almoço, Débora subiu para resolver de uma vez por todas os problemas com Clara. Quando chegou ao quarto, pediu para que Lourdes saísse um pouco. Clara estava envergonhada, ficou sabendo por intermédio de Lourdes que a amiga viajara, nem tinha se despedido dela, estava portanto preocupada e ansiosa, não via a hora de Débora voltar para poderem conversar.

Débora, aproximando-se dela, perguntou:

— Flávia ligou novamente para cá?
Clara, demonstrando medo e preocupação, respondeu:
— Sim, telefonou ontem; como não atendi ao telefone, com certeza deverá ligar novamente por estes dias.
Débora, pensativa, perguntou:
— O que tem em mente para poder solucionar esse problema?
Clara, percebendo que Débora estava com intenção de ajudar, disse:
— Tenho dinheiro em minha conta corrente no banco, só preciso retirar um talão de cheques e depois quem sabe você poderia ir até o local do trabalho de Flávia levar o dinheiro para ela.
Débora sentiu que se resolvesse tudo daquela maneira, Clara estaria agindo apenas por medo e não pela razão. Em seguida, perguntou:
— Mas você está mesmo pensando em pagá-la por alguma coisa que nem mesmo fez?
Clara, colocando a mão na cabeça respondeu:
— E o que mais eu poderia fazer?
Naquele momento, Débora sabia que tudo estava em suas mãos. Pediu à Clara o endereço de Flávia para que tentasse chegar a um acordo com ela.
Clara pediu a sua bolsa, procurou um pouco e logo passou para as mãos da amiga o telefone e o endereço tanto de Flávia como de seu primo.
Débora levantou e em seguida disse para Clara não se preocupar, pois ela iria tentar resolver tudo da melhor maneira possível.
Naquela noite percebeu todo o mal feito por Clara a ela em outras encarnações, atrapalhando sempre a sua felicidade, interferindo negativamente em sua vida. Agora, pelo destino, a felicidade de Clara estava nas mãos de Débora.
Teria todos os motivos do mundo para devolver a maldade que Clara sempre a havia desejado. Pensando nisso por segundos, seus pensamentos pareciam ficar confusos e estranhos; era como se todo o equilíbrio com que sempre conseguiu levar sua vida durante todo esse tempo não tivesse mais valor.
Ficou com medo e, sem saber o que fazer, resolveu ficar em seu quarto e orar a Jesus para que a fizesse tomar uma atitude da qual nunca viesse a se arrepender, nem mesmo se envergonhar, pelo resto de sua vida. Quando estava em preces, com seu pensamento

direcionado a energias benéficas, sentiu um arrepio percorrer seu corpo todo. Ao abrir os olhos, notou a imagem de uma senhora que vinha do canto de seu quarto ao seu encontro.

Aquele foi um momento único. De início Débora se assustou, mas em seguida percebeu o que estava acontecendo e ajoelhando, agradeceu a Deus a graça que estava recebendo.

A senhora surgia em meio a muitas luzes e, como que hipnotizada, Débora apenas conseguia ouvir:

"Filha, pense bem na atitude que deverá tomar em relação a este outro espírito que tanto a persegue. Não se deixe influenciar por energias maléficas, procure não dar entrada a maus pensamentos, continue assim, sempre procurando ter como porto seguro a força das palavras de nosso mestre Jesus. Passa nesse momento de sua vida por uma grande prova, tudo está em suas mãos. Minha filha, este não seria o momento de tentar ao menos consertar muitos erros vindos de passados distantes?

Por que será que Jesus nesta encarnação colocou Clara tão próxima a você? Percebe que, se quiser, muito pode fazer por ela?

Filha, você sempre foi a mais prejudicada, mas tanto você quanto seu amado nunca estiveram em verdade afastados espiritualmente. Quem sabe não seja a hora certa para tentar muito sutilmente transformar o ódio que há muitas gerações esse outro espírito carrega por você, em um pouco mais de amor incondicional?

Perceba, minha filha, que nunca perdemos tudo aquilo que em verdade possuímos de coração. Aconteça o que acontecer, passe o tempo que passar, tanto o seu coração quanto o de seu amado, se unirão em um sentimento de verdadeiro amor. Gostaria que soubesse que és muito querida dentro do plano espiritual, sempre teve e sempre terá a nossa proteção, desde que caminhe de maneira certa, que tenha atitudes sempre direcionadas a manter ainda mais firme o nosso elo espiritual.

Até breve, e que um dia mais tarde possa receber com júbilos os méritos e toda a glória que a aguarda, por ter vivenciado com sucesso a parte que a você foi designada".

Como em um passe de mágica, Débora voltou para a realidade. Olhando novamente para o mesmo lugar, nada viu. Compreendeu que estava sendo testada, que deveria fortalecer-se ainda mais, para tirar mágoas e rancores de dentro de seus pensamentos, quem sabe um dia conseguiria até ajudar aquele espírito que, pelo visto, há muito a perseguia. Orou e pediu para Jesus Suas bênçãos, para que conseguisse mais facilmente cumprir sua missão.

Por mais que tentasse manter seus olhos abertos, querendo não esquecer os acontecimentos, não conseguiu, seus olhos pesaram e rapidamente Débora dormiu.

Na manhã seguinte, após ter verificado se tudo estava em ordem, Débora chamou Juliana e pediu para que a substituísse, pois precisava fazer algumas compras na cidade e iria demorar. Não sabia exatamente o horário que voltaria, mas esperava que fosse bem antes do jantar.

Débora pediu para que o motorista da família a levasse, e a deixasse próximo ao centro da cidade. Assim que chegaram, o dispensou dizendo que quando terminasse suas compras ligaria para que ele fosse buscá-la.

Débora não conhecia muito bem os arredores da cidade e, depois que o carro se afastou, deu sinal para que um táxi se aproximasse e a levasse ao endereço que levava em suas mãos.

Quando chegou, ainda não tinha em mente o que dizer, porém esperava que o plano espiritual a intuísse de alguma maneira e também a protegesse, para que pudesse ajudar Clara.

Tocou o interfone e em instantes Flávia apareceu à porta para atendê-la. Sem saber e sem conhecer Débora, sorridente perguntou se ela já havia marcado consulta, pois ela havia chegado em um horário ocupado por outra paciente.

Débora foi rapidamente dizendo:

— Você é Flávia, não?

Flavia não a conhecia, mas de repente percebeu que alguma coisa no olhar daquela mulher a fazia muito mal.

Sem poder negar sua identificação, respondeu:

— Sim, sou Flávia, e a senhora quem é?

Débora percebeu que a moça estava muito perturbada. Aproveitando a situação, falou:

— Sou Débora, advogada de dona Clara, e preciso falar com você em particular.

Flávia não sabia o que pensar, quem sabe aquele não seria o seu dia de sorte? Não sabia o que pensar...

Em seguida, disse:

— Mas estou em horário de trabalho, não posso sair.

Débora não deu oportunidade para que ela continuasse a falar e disse:
— Ou você sai para que possamos conversar, ou entrarei e conversarei com seu patrão.

Flávia percebeu que daquela vez não tinha dado sorte e pediu para que Débora esperasse um pouco para que ela pudesse avisar seu patrão que teria de se afastar por algum tempo.

Débora já havia visto que na esquina havia uma lanchonete onde poderiam conversar mais à vontade. Antes que Flávia se afastasse, pediu para que assim que conseguisse sair, a encontrasse na lanchonete da esquina.

Quando chegou à lanchonete, procurou uma mesa bem afastada da rua, do lado de dentro, pediu para que trouxessem um suco de maracujá natural, e preparou o gravador que havia levado, de uma maneira que Flávia não soubesse que a conversa seria gravada.

Não demorou muito para que Flavia entrasse na lanchonete. Assim que entrou, o garçom, que já estava avisado, a acompanhou para os fundos onde estava Débora.

Assim que sentou, não conseguindo manter sua classe, disse:
— Bem, estou aqui, o que você quer de mim?

Débora, não ficando atrás, uniu suas forças para conseguir dialogar com Flávia e com dificuldade respondeu:
— Minha cliente me mandou para que pudéssemos negociar a respeito do dinheiro que ela havia combinado entregar a você, após ter sido efetuado o aborto, no local combinado, ou seja, na clínica onde seu primo trabalha.

Ingenuinamente, Flávia terminou abrindo-se e respondeu:
— Não tenho o que negociar; ela havia combinado que antes do serviço nós receberíamos, pois tanto meu primo quanto eu precisamos do dinheiro em mãos para garantir o pagamento das outras pessoas que estão envolvidas e que também não querem esperar. Assim, cumprimos as nossas partes muito bem e ela deveria ter cumprido a parte dela. Não temos culpa se um dia antes do aborto ela sofreu aquele acidente e ficou imobilizada para sempre da cintura para baixo. Como não nos comunicaram, já tínhamos assumido responsabilidades demais com todos aqueles que costumam ajudar-nos.

Débora, percebendo que Flávia estava nervosa, aproveitando ainda mais a oportunidade falou:
— Bem, a verdade é que ela mesma disse que não está pretendendo pagar a vocês, pois alega não ter feito o aborto.

Flávia respondeu:

— Realmente não o fez, mas não foi por nossa culpa; o hospital já tinha sido pago, o centro cirúrgico estava preparado para recebê-la e tudo mais. Agora não acho justo termos de arcar com tudo sozinhos; apenas tentamos ajudá-la.

Nesse instante, Débora disse:

— Bem, vocês deveriam esperar que um dia alguma coisa desse errado, que vocês de uma alguma forma tivessem de responder por tudo o que estava sendo feito às escondidas e ilegalmente durante o tempo todo.

Flávia, com muita raiva, ainda tentou pressionar Débora, dizendo:

— Caso ela não nos queira pagar, contarei tudo o que se passou para o marido dela, veremos se ele concordaria com a atitude que sua esposa iria tomar, se tudo tivesse acontecido de maneira diferente.

Nesse momento, Débora percebeu que já tinha em mãos provas mais que suficientes para prejudicar Flávia, caso ela insistisse com aquela idéia.

Foi quando pediu para que Flávia ficasse em silêncio. Ligou o gravador para que ela ouvisse sua própria voz a condenando e também ao seu primo. Os dois estavam há tempo usando do desespero de pessoas que procuravam aquele consultório para resolver seus problemas. Por sorte, não conseguiam, pelo fato de o responsável pela clínica sempre ter sido pessoa idônea e de muito respeito.

Flávia, vendo que não tinha mais armas para continuar o seu intuito, acabou desistindo.

Débora sabia que de momento seria fácil para Flávia aceitar, mas que não poderia confiar apenas nas palavras de uma pessoa como ela. Poderia ser que depois ela pdesse tentar vingar-se de Clara. Não perdendo tempo, alertou a Flávia que aquela fita estaria em segurança em um cofre de banco. Caso alguma coisa acontecesse, tanto física quanto moralmente a Clara, as desconfianças recairiam imediatamente sobre ambos. Outras pessoas saberiam e levariam então a prova para a apreciação perante as autoridades.

Flávia, nervosa, não conseguia esconder o medo refletido em seus olhos.

Naquele momento, Débora sentiu que não teria conseguido seu objetivo, caso não tivesse obtido auxílio do plano espiritual. Era chegada a hora dos bons espíritos, os que nunca desistem de ajudar, fazerem Flávia se afastar de uma vez por todas de coisas e atitudes profanas, mesmo que fosse por meio de uma mentira e do medo. Todos esperavam que Flávia aprendesse a lição e parasse depois disso tudo de usar de má-fé para com os outros.

Flávia sentiu que não lhe restava outra coisa a fazer senão desculpar-se. Com voz trêmula, falou:

— Está bem, vocês venceram. Vou procurar meu primo e avisar que tudo terminou por aqui. De hoje em diante não vou mais me envolver com isso, pois sempre achei que nunca correria perigo. Agora sei que de nada adianta tentar tirar dinheiro dos outros, que mais dia menos dia agindo assim teríamos de abrir mão até mesmo de nossa própria liberdade. Espero que você esqueça tudo isso, pois eu já esqueci.

Dizendo isso, Flávia levantou-se e rapidamente se retirou da lanchonete, sem mais nada dizer.

Débora estava tão tranqüila que achou melhor ficar mais um pouco no local e comer um bom hambúrguer com queijo, o que há muito tempo não fazia.

Terminando, ligou para que o motorista viesse buscá-la e pediu para que a esperasse em frente a uma das lojas principais da Orca na cidade do Rio de Janeiro.

Enquanto esperava, aproveitou para comprar alguns livros para Clara e alguns brinquedos para Roberto.

Já estava saindo quando viu em uma das casas esotéricas um belíssimo cristal. Sem saber por que, sentiu vontade de comprá-lo para presentear Juliana, afinal sempre que precisava, ela a substituía à altura.

Quando chegou em casa, procurou subir rapidamente para tomar seu banho e trocar de roupa, pois não se sentia bem com a que usara naquela tarde; era como se estivesse impregnada de energias negativas.

Após se arrumar, subiu para conversar com Clara, quando Gustavo chegou para jantar.

Ao passar pela sala, ele não pôde deixar de sentir o perfume de Débora que vinha da escada, o que o fez parar para senti-lo mais profundamente. O aroma era tão sensual, que ele não conseguiu deixar de exclamar:

— Que perfume delicioso!

Débora, sem graça, completou:
— Não é perfume, Gustavo, é apenas uma loção após banho que costumo passar antes de dormir.

Gustavo sentiu todo seu corpo estremecer, com um desejo que há muito não sentia. Precisou segurar-se para não agarrar Débora em seus braços e beijá-la ali mesmo.

Débora notou que Gustavo a despia somente com o olhar, e procurou subir mais depressa para não correr o risco de descer e abraçá-lo.

Gustavo, sentindo não poder dar continuidade ao seu propósito, preferiu ir então até seu quarto e tomar um banho relaxante, para dar vazão a toda aquela ansiedade que tomava conta de seu corpo e de seu coração.

Quando Débora entrou no quarto de Clara, percebeu que ela estava com os olhos inchados de tanto chorar. Clara, quando a viu, mais que depressa perguntou como tinha sido o encontro dela com Flávia.

Por mais que estivesse nervosa, notou que Débora estava muito bem. Isso a fez perguntar mais diretamente:
— Ou eu estou enganada, ou você está muito tranqüila para quem saiu para resolver um problema de muita importância!

Débora, sorrindo, tentou aliviar o mais rápido possível o coração da amiga.
— Fique tranqüila, tudo foi resolvido da melhor maneira. Agora não podemos conversar, pois Gustavo acabou de chegar e está se preparando para o jantar. Arrume-se e desça, pois esta noite temos vários motivos para comemorar. Vou até pedir para que Juliana coloque um champanhe para gelar.

Clara, que não era lá muito boba, arriscou perguntar.
— O que está acontecendo? Parece-me que conheceu alguém, ou estou enganada?

Débora não podia dizer a Clara que se sentia feliz por conseguir superar-se, avançar seus limites.

Sabia que o que fez em relação a Clara faria ambas se aceitarem melhor espiritualmente.

Estava entregando o livro que comprou para Clara, quando Gustavo entrou. Ele percebendo que Clara havia chorado, perguntou o que havia acontecido.

Sem saber o que responder, Clara acabou jogando a culpa dos olhos inchados no livro que Débora lhe havia dado.

Gustavo estranhou tamanha sensibilidade por um livro, mas sabendo da carência e da condição que a vida oferecia a Clara, achou melhor nada comentar.

Débora se afastou com um sorriso, procurando deixá-los a sós. Já estava na porta quando falou:

— Fiquem tranqüilos, assim que o jantar estiver servido, mandarei avisar.

Naquela noite o jantar estava muito especial e até Clara se mostrava feliz, coisa que há muito tempo já não se notava.

Juliana nada comentava, mas não deixou de notar que Débora estava diferente naquela noite. Não apenas ela mas também Lourdes, mesmo não sabendo o motivo, ficou feliz, pois foram poucos os jantares enquanto trabalhava ali que se podia sentir um acalento e um amor familiar bem intenso.

Até mesmo Viviane estava tranqüila; parecia participar também da alegria que enfim chegava àquela casa.

Daquele dia em diante, Débora resolveu que não deveria mais pensar em Gustavo como antes, como se isso fosse possível. Ele, por sua vez, cada dia se sentia mais encorajado a dizer a Débora tudo o que sentia dentro de seu coração.

Gustavo sentia que Clara não dedicava um amor verdadeiro a Viviane; mesmo a menina não fazia muita questão de ficar junto dela. Parecia mesmo sentir-se muito melhor e protegida ao lado de Juliana.

Conforme crescia, cada dia mais Viviane se apegava a Juliana. Quando não estava a seu lado, poderiam procurá-la que estava brincando com Roberto.

Desde que Viviane foi ficando com mais idade, Roberto passou a gostar de brincar com ela, pois de alguma maneira um completava o outro. Apenas os dois sempre estavam disponíveis para acompanhar Gustavo em algumas programações diferentes em certos finais de semana.

Gustavo nunca fazia diferença entre os dois; tratava-os da mesma maneira. De vez em quando convidava Débora para acompanhá-los em algum lugar, mas ela sempre dizia estar ocupada para não ir.

Sentia-se bem ao saber que Gustavo sempre amou Roberto como a um filho. Por um lado não podia entregar-se ao seu verdadeiro amor, mas por outro sabia que no fundo ele também a amava verdadeiramente. Talvez esse fosse o motivo de ele nunca ter se afastado de Clara, uma maneira de ficar mais ao lado daquela que mesmo sem saber sempre foi muito especial.

Algumas vezes que Juliana não saía para visitar sua família, ele também a levava em seus passeios. Tanto Roberto quanto Viviane sempre a respeitaram muito e tratavam-na com muito carinho.

Juliana aceitou bem a mudança em sua vida, pois com certeza desde que entrou para trabalhar com Débora tudo na sua vida mudou.

Hoje se sentia mais segura em relação a tudo: seu pai estava bem empregado, seu irmão estava por terminar seus estudos e, assim que arrumasse trabalho, mesmo com a ajuda dela e do pai, com certeza estaria dentro de uma faculdade de onde sairia mais preparado para enfrentar o mundo.

Ela estava mais feliz do que nunca, pois no decorrer daquele ano terminaria seus estudos na faculdade de Nutrição, o que daria a ela futuramente mais oportunidade para trabalhar naquilo que sempre gostou de fazer.

Quando foi morar na casa de Gustavo, era Débora quem tomava conta do cardápio da cozinha. Alguns meses depois, pouco a pouco Juliana já a substituía a contento, fazendo o que gostava.

Sabia que um dia deveria deixar aquela casa e hoje já tinha certeza de que se encontrava melhor preparada para escolher na verdade o caminho que deveria seguir.

Aos poucos, com os ensinamentos evangélicos que Débora sempre fizera questão de passar para ela, dia a dia a energia que fluía naquela casa passava a ser cada vez melhor.

Após Roberto completar dez anos de idade, Débora se encheu de coragem e pediu para Gustavo permissão para reunir todos, uma vez por semana para fazer o Evangelho no lar, conforme sua tia Aldinéia havia lhe ensinado.

Gustavo, que nunca foi praticante de nenhuma religião, não achou motivo para negar um pedido, que apenas bem poderia trazer para todos daquela casa.

Roberto e Viviane não entendiam direito, mas participavam da mesma maneira. Juliana, que não deixava passar nada, não deixava de perceber a troca de olhares entre as duas crianças, que não viam a hora de sair da mesa para poderem ir ao jardim curtir um ao outro com suas brincadeiras.

De início, Clara recusou-se a comparecer, mas percebendo que Gustavo sempre marcava presença, achou melhor também participar.

Desde que Débora passou a fazer todas as semanas as explicações sobre alguns temas do *Evangelho segundo o Espiritismo*, sentiu que Gustavo e Juliana tiravam muito proveito de tudo o que era falado.

Uma noite, quando todos estavam em volta da mesa, depois das preces, ainda no meio da sessão Juliana começou a não se sentir bem. Débora, mais acostumada com aqueles acontecimentos, levantou e colocou a mão na cabeça de Juliana, pedindo para que, se fosse da vontade de Deus, que aquele espírito que ali estava conseguisse passar sua mensagem.

Gustavo e os outros participantes ficaram apreensivos, pois ali nenhum deles havia visto uma incorporação. As crianças apenas abaixaram os olhos e riram como que achando engraçado tudo aquilo.

Aos poucos, Juliana deixava que o espírito que esperava para dar sua palavra o fizesse. Com uma voz totalmente diferente, disse:

"Boa noite a todos. Agradeço ao Senhor Jesus pela oportunidade que me foi dada, para poder nesta noite pela primeira vez participar, podendo dar minha palavra a todos desta casa. Há algum tempo estou aqui como mentor espiritual desse aparelho e apenas agora me foi permitido falar. Meu nome é dr. Fritz e gostaria de me dirigir a você, Clara, irmã que há muito lutamos para ajudar.

Sabemos que, desde o desastre de carro, que pela vontade de Nosso Pai teve de passar, nunca mais conseguiu andar.

Sabemos que você tem sofrido muito com tudo isso, apesar de ter procurado aceitar cada dia mais essa situação, desde que nossa irmã Débora deu início a estas reuniões.

Muito nos entristece ver que muitas coisas que acontecem a muitos dos irmãos encarnados poderiam ser evitadas, desde que ele próprio sempre seguisse os ensinamentos e as palavras do Senhor.

Seria muito bom que todos nesta mesa pudessem ver neste momento a energia e os fluidos benéficos que são derramados sobre todos vocês, em todos os momentos em que seus espíritos se encontrem dentro da energia da paz que o Senhor Jesus lhes oferece.

Digo que toda energia mentalizada pelos seres humanos nada mais é senão um motor girando que, os leva ao encontro de outras energias também iguais, que são trabalhadas na mesma freqüência da mente daquele que a estabelece.

Dependendo de seus pensamentos e de suas atitudes, podemos algumas vezes com a ajuda de espíritos que sempre estão prontos a nos auxiliar, afastar acontecimentos ruins e perigosos da vida daqueles irmãos que ainda passam por provações na Terra.

Irmã Clara, não se sinta sozinha, nem na Terra que é o local onde agora se encontra, nem mesmo aqui no astral, onde muitos lutam para conseguir fazer com que seu espírito se edifique cada vez mais.

Bem, gostaria de dizer que em breve terá uma revelação que muito a deixará feliz. Como vê, nem tudo está perdido.

Na hora em que for dormir, coloque ao lado de sua cama um vaso com muitas flores frescas e brancas, acenda um ponto de luz branco e ofereça para nosso Pai Maior; coloque também um copo com água filtrada e uma bacia branca com água filtrada e uma toalha branca ao seu lado.

Se possível, gostaria que tanto suas vestimentas quanto as de sua cama fossem também limpas e brancas.

Ore muito, peça também ao Nosso Pai para que lhe dê permissão para aproveitar a ajuda que lhes tentaremos passar.

Bem, quero dizer também que muito nos alegra ver que todos estão se esforçando para tentar, por intermédio dos estudos do Evangelho, adquirir mais força e mais resistência para estabelecer a edificação de seus espíritos".

Nesse momento Débora já havia se levantado e estava ao lado da cadeira de Juliana, que assim que desincorporou sentindo-se enfraquecida deixou que seu rosto apoiasse sobre seus braços na mesa sem entender nada do que havia acontecido.

Aos poucos, os olhos de Clara pareciam sair da estagnação para o pranto que caía rapidamente sobre sua face. Gustavo, sem entender direito o que tinha acontecido, segurou as mãos de Clara e apertou-a sob as dele.

Em poucos segundos, tudo já estava novamente sob o controle de Débora. Achou melhor dirigir mais uma prece de agradecimento e encerrar o trabalho daquele dia.

Assim que terminou, Juliana, bastante assustada, não via a hora de perguntar a Débora o que havia acontecido. Assim que teve oportunidade, o fez. Débora não se sentia bem preparada para poder dar sustentação aos trabalhos, caso continuasse daquela maneira. De início, apenas havia pensado em ler o Evangelho e explicar tudo o que tinha aprendido.

Bem sabia que Juliana esperava por uma resposta, mas, o que deveria falar?... Aos poucos, a tranqüilidade e o equilíbrio voltavam à mente de Débora. Chamando Juliana, começou a explicar:

— Bem, Juliana, nós já nos conhecemos há tempo, talvez nunca tenha conversado nem por um momento a respeito de religião com você, mas sinto que agora é chegado o momento de esclarecer muitas coisas. Pelo visto, você é uma médium, semiconsciente, com muita força e equilíbrio, e pela primeira vez deu passagem a um espírito, que já sabemos por intermédio dele mesmo ser alguém que a acompanha há muito tempo, por sinal muito conhecido dentro da Doutrina Espírita. Fez uso de seu aparelho, ou seja, de seu corpo, para indicar a Clara uma maneira de trabalhar para ela e também ajudá-la no que se refere a sua doença. É um médico, dr. Fritz, cuja presença em nossos trabalhos muito nos orgulha. Certamente ainda deverá dar passagem através de seu corpo outras vezes. Ore sempre e agradeça ao Senhor a oportunidade de poder servir e ajudar com seu corpo e seu espírito a prática da verdadeira caridade, principalmente dentro do campo da cura.

Juliana, comovida, sentiu seus olhos encherem-se de lágrimas. Débora abraçou-a e disse:

— Fique em paz, nunca se desvirtue dos caminhos que ainda certamente deverá percorrer no futuro.

Clara esperava pela vez de conversar com Débora; sentia que tudo aquilo não tinha acontecido. No fundo não queria mesmo ter esperanças de uma melhora a qual, perante a medicina da Terra, não lhe trouxe nenhuma alternativa.

Mesmo assim, disse a Débora:

— Será que o que entendi é mesmo verdade?

Débora, demonstrando um bom equilíbrio diante da situação respondeu:

— Sim, você receberá uma ajuda espiritual. Tire, portanto, muito proveito disso. Aprenda que não valemos apenas pelo que somos nesta vida. Já de outras existências nos foi permitido trazer um somatório de valores, para que usufruindo deles aumentemos nosso aprendizado. Se agirmos corretamente e sempre direcionarmos nosso espírito no bem e na caridade, Ele nunca nos deixará.

Sempre chegará o momento oportuno, para recebermos a gratidão d'Aquele que chegou até mesmo a dar a Sua própria vida para nos salvar.

Clara pensou um pouco e em seguida perguntou:
— Devo fazer hoje o que ele pediu?

Débora, percebendo que Clara ainda não tinha digerido os acontecimentos, respondeu:

— É melhor que seja outro dia, pois assim daremos ao seu corpo e seu espírito uma preparação melhor.

Falando isso Débora saiu da sala, e rapidamente subiu para seu quarto. Quando chegou, Juliana já havia colocado tanto Roberto quanto Viviane em suas camas.

Olhando aquelas duas crianças, beijou-as e agradeceu a Deus mais uma vez a oportunidade de poder reconciliar-se com tudo que havia acontecido em encarnações passadas.

Ao deitar-se, quase não conseguia tirar da mente o acontecimento daquela noite. Débora sabia que de agora em diante seus encontros semanais não seriam mais apenas para as explicações sobre o Evangelho, não sabia como agir; achou melhor orar e descansar. Teria ainda muito tempo até a outra semana para resolver se daria continuidade a tudo ou não.

No outro dia, o clima na casa estava ainda melhor, o otimismo que há muito fora embora, já voltava a aparecer.

Naquela manhã, Débora estava radiante. Assim que Gustavo chegou para almoçar, avisou-o para que ele não se esquecesse que naquela tarde receberia em sua casa a visita do advogado que cuidou da adoção da menor Viviane. Durante todo aquele tempo, os técnicos acompanharam o período em que Viviane estava lá, por meio de entrevistas e também visitas à Vara de Infância e Juventude para avaliação da Equipe Técnica.

Esse foi o período que Gustavo e Clara poderiam optar em não ficar mais com a menina, assim como a equipe técnica poderia achar que Viviane não estava indo bem com a família em questão. Porém, para a alegria de todos, o advogado já havia antecipado o motivo de sua visita, que nada mais era senão dar a Gustavo e Clara a certidão definitiva da adoção de Viviane.

Enfim, parecia mesmo que tudo estava melhorando cada vez mais naquela casa.

No outro dia logo cedo, Débora subiu ao quarto de Clara para conversar mais tranqüilamente. Quando ela chegou, Clara muito ansiosa perguntou:

— É hoje que faremos a preparação?

Débora, sorrindo, respondeu:

— Sim, hoje mandei preparar um caldo de legumes sem carne, para que possa tomar no almoço; logo à tarde lhe trarei um chá de erva-cidreira para que durante a noite esteja menos ansiosa, pois isso não a ajudaria em nada. Pedi para Lourdes preparar o seu banho às cinco horas da tarde, enquanto eu arrumarei pessoalmente seu quarto e nesta noite eu, Lourdes, Gustavo e Juliana ficaremos em preces na sala tentando ajudar em seu trabalho espiritual.

Depois de ter explicado tudo, desceu, deixando Clara com seus pensamentos. Aquela noite seria muito especial para ela, mesmo não entendendo nada a respeito de espiritualidade. Tinha ainda a esperança de uma remota oportunidade de ao menos conseguir voltar a caminhar.

À noite, todos permaneceram quietos. Mais do que nunca era difícil entender a extensão do que o plano espiritual havia preparado para Clara naquela noite.

Quando eram seis horas da tarde, Clara já se encontrava sozinha e preparada; os outros estavam reunidos na sala de estar, em preces, pedindo ao Senhor que permitisse a Clara, tão jovem, alcançar a graça de novamente andar.

Ficaram em torno da mesa reunidos até as três horas da manhã, quando então não agüentaram mais o sono, e também porque já não adiantava mais ficar ali quase dormindo.

Na manhã seguinte, Débora preferiu ela mesma levar o café da manhã para Clara. Lourdes chegou e pediu para que não fizesse barulho, pois ela ainda dormia. Débora colocou o café sobre a mesa, pediu para Lourdes chamá-la assim que Clara acordasse e, sem fazer barulho, desceu.

Eram quase dez horas da manhã quando Lourdes avisou Débora que Clara havia acordado. Assim que conseguiu colocar tudo em ordem, Débora subiu.

Quando chegou ao quarto, rapidamente perguntou a Clara como estava se sentindo, e a amiga ainda sonolenta como se toda a noite tivesse sido pouca para dormir, respondeu:

— Estou bem, mas ainda não sinto minhas pernas. Será que não aconteceu nada?

Débora, percebendo a agonia de Clara, procurou confortá-la explicando que as coisas não eram bem daquela maneira, tudo na vida tinha um tempo certo para acontecer, agora era somente continuar a ter fé, continuar pedindo a Deus por sua melhora e esperar...

Clara sabia que talvez não tivesse o merecimento para tamanha graça, mas seguindo as palavras da amiga preferiu confiar, afinal nada mais lhe restava fazer.

Alguns meses se passaram. Roberto e Viviane cada vez se entendiam mais, estavam mais unidos. Roberto sabia que em poucos meses Viviane passaria para um colégio semi-interno, apenas voltando para casa nos finais de semana. Por mais que Viviane recusasse aquela idéia, Roberto cada vez mais insistia para que a filha aproveitasse aquela oportunidade. Viviane, só tendo ouvidos para Roberto, acabou aceitando de bom coração.

Alguns meses se passaram. Quando estava por completar sete meses daquele trabalho espiritual, uma tarde, enquanto Clara lia um livro em sua cama, sentiu um ligeiro formigamento em sua perna direita. Assustada, chamou Lourdes quase aos gritos, e ela foi correndo ao seu encontro para ver o que estava acontecendo.

Lourdes, mais acostumada com esses acontecimentos, ficou feliz, chamou Débora e disse:

— Talvez seja agora o momento; dona Clara já começa a sentir algum formigamento em suas pernas. Isso significa que de repente tudo pode melhorar ainda mais.

Sem saber o que fazer, Débora perguntou a Lourdes:
— O que devemos fazer para ajudar Clara?
Lourdes respondeu:
— Creio que deveríamos comunicar o acontecido ao seu médico. Acredito que ele saberá melhor o que fazer.

Em seguida, Débora procurou o telefone do médico, que anos atrás cuidara do acidente de Clara, e contou tudo o que havia acontecido. Obviamente omitiu a ajuda espiritual, pois sabia que nem todos acreditavam ou aceitavam determinados fatos. Falou apenas o principal.

O dr. Fernandez, assim que soube do fato, pediu para que levassem Clara à clínica no dia seguinte, para que pudessem avaliar melhor o que estava acontecendo.

À noite, Gustavo ficou muito feliz, ao saber o que se havia passado com Clara. Viviane parecia não participar tanto dessa alegria; sempre sentiu que a mãe não a aceitava como filha e notava que Gustavo não sabia o que fazer para preencher o vazio que Clara deixava no seu coração.

Desde pequena, conversava e se entendia melhor com Juliana e Débora. Nunca sentiu nenhum carinho por parte da mãe.

No dia seguinte, Gustavo logo cedo acompanhou Clara ao consultório para uma nova avaliação. Assim que chegaram, o dr. Fernandez já havia preparado inúmeras solicitações de exames para serem efetuados por Clara. Naquele dia, Gustavo nem chegou a ir para o escritório; preferiu acompanhar de perto o desenrolar dos acontecimentos.

Após ter feito todos os exames, o dr. Fernandez pediu para que Gustavo levasse Clara embora para descansar, pois desde aquela manhã não havia parado, por ter passado por uma bateria de exames. O dr. Fernandez sabia que os resultados deveriam demorar ainda alguns dias para sair.

Quando chegou em casa, Clara tomou um banho e adormeceu, tamanho era o seu cansaço. Lourdes sentou ao seu lado e aproveitou para ler um livro do qual faltavam poucas páginas para chegar ao final.

Estava tudo em silêncio, quando Lourdes percebeu que também a perna esquerda de Clara dava sinais de vida. Olhando melhor, Lourdes percebeu que um dos dedos de seu pé se mexia, mesmo dormindo.

Lourdes nada disse a Clara; preferiu não aumentar mais ainda sua ansiedade.

Os dias se passaram e no terceiro dia pela manhã, antes que Gustavo saísse para trabalhar, recebeu um telefonema do hospital, pedindo para ele conversar com o dr. Fernandez o mais rápido possível.

Gustavo, sabendo que não conseguiria entregar-se de verdade ao seu trabalho, tamanha a ansiedade em saber os resultados dos exames, achou melhor ir ainda pela manhã.

Quando entrou na sala do dr. Fernandez, o médico foi logo levantando e nem esperou Gustavo se sentar. Sem entender nada, Gustavo o acompanhou sem nada perguntar.

Logo chegavam à sala do dr. Conrado, o novo ortopedista que substituía o que tinha tratado de Clara com muita eficiência.

Ao entrar em sua sala, logo o dr. Fernandez cuidou das apresentações. O dr. Conrado parecia já ter se inteirado totalmente da situação. Abaixando-se, abriu sua primeira gaveta e de dentro tirou alguns resultados de exames pelos quais Clara havia passado.

Surpreso, Gustavo parecia não entender, quando o dr. Conrado falou:

— Bem, senhor Gustavo, aqui temos alguns dos resultados dos exames feitos por sua esposa ainda nesta semana. O que mais nos surpreende é que até alguns anos atrás, sua esposa não mostrava clinicamente a mínima chance de um dia voltar a andar. Não sabemos bem como aceitar isto tudo, nem sabemos também como lhe explicar, mas a verdade é que parece que a senhora Clara em pouco tempo, por meio de novas sessões de fisioterapia, andará novamente.

Gustavo parecia viajar em seus pensamentos, enquanto ouvia tudo. Sentiu um imenso arrepio percorrer todo seu corpo, como se alguma coisa ou alguém tentasse fazê-lo lembrar o acontecido naquela noite em sua casa.

Enquanto os médicos conversavam, tentando já deixar marcadas as novas sessões para Clara, Gustavo não teve como conter as lágrimas, que desciam de seu rosto como agradecimento a Jesus por toda a ajuda recebida pelo plano espiritual.

Apesar de nada ter comentado com os médicos, sabia que aquela mudança era sustentada pelo plano espiritual. Agradecia em seu pensamento ao dr. Fritz, por quem Clara tinha sido operada alguns meses atrás.

Voltou a escutar o que falavam, quando o dr. Fernandez bateu em seu ombro. Puxando-o para que levantasse, o abraçou com muito carinho, participando particularmente daquele momento tão especial. Muito tempo se passou, depois das sessões de que Clara participava. Aos poucos, ela voltava a caminhar normalmente, deixando para trás a cadeira de rodas que a acompanhara durante longos e tristes anos de sua vida.

Algum tempo depois, Roberto já estava com os seus 18 anos e Viviane com quase 15. Durante todo esse tempo muito pouco mudou na família de Gustavo.

Roberto era estudante de medicina. Desde pequeno sempre demonstrou em suas brincadeiras uma grande motivação em ser um dia um grande médico. Pouco tempo dispunha para desfrutar sua juventude, pois a maior parte de seu tempo era direcionada para seus estudos.

Viviane estudava em um colégio semi-interno, e apenas vinha para casa nos finais de semana. Sempre se dedicou aos estudos, mas não via a hora de chegar o sábado para poder rever seus pais e ficar com Roberto. Sempre sentiu muita admiração e um carinho profundo por ele. Se continuava bem em seus estudos, era para aumentar seus conhecimentos, pois deveria estar preparada para um dia, quem sabe quando, administrar tudo aquilo que seus pais deixariam em suas mãos.

Roberto e Viviane sempre foram unidos. Criados juntos, não estavam preparados ainda para perceber que seus corações estavam à espera de que um dos dois despertasse para o grande amor que um dia ainda sentiriam.

Gustavo nunca voltou a ser o mesmo em relação à mulher. Por vezes pensava que o acidente com Clara fora apenas para que abrisse seus olhos para o verdadeiro sentimento que parecia tomar conta de seu coração.

Desde o início do namoro com Clara, sempre a via levado por sua beleza física; já naquele tempo se achava preso a ela de uma forma que sempre pensou ser amor.

Eram muitos os momentos em que Gustavo sentia Clara totalmente entregue em seus braços, por isso sempre pensou em amá-la intensamente.

Logo após o acidente, Gustavo passou a enxergá-la melhor e dia a dia percebia que realmente Clara trazia a vida a si e a todos.

Apenas descobriu isso ao vivenciar ao seu lado momentos que o fazia pensar em Clara como uma estranha. Sentiu que era apenas ilusão, apenas um desequilíbrio da carne e nada mais.

E foi assim que, mesmo depois que Clara voltou a andar normalmente, Gustavo não conseguia mais, de maneira alguma, sentir calor e prazer ao seu lado. Marcava sempre sua presença como marido e nada mais.

Débora, após ter tirado uma parte da cortina de seu passado, decidiu que não levaria adiante o sentimento que envolvia o seu coração.

Sempre achou que como amiga de Clara não poderia nem pensar em facilitar as coisas para Gustavo, que sempre se mostrava faminto, tanto de amor como de desejo, quando estava ao seu lado.

Embora suas atitudes não demonstrassem tal sentimento, seus olhos falavam por si, e conseqüentemente não conseguiam esconder o que já há tempo Gustavo trazia dentro de seu coração.

Um dia, quando Clara esperava pela chegada de Gustavo, sem querer notou a presença de duas pessoas que conversavam sorrateiramente no banco do jardim.

Não conseguindo escutar a conversa direito, desceu mais que depressa para identificar de quem seriam aquelas risadas obscuras.

Devagarzinho para não ser notada, parou atrás de uma árvore e teve tempo o suficiente para perceber que Viviane e Roberto estavam abraçados e se beijando.

Naquele momento, Clara sabia que o que havia temido durante toda sua vida havia acontecido. Sempre esperou que Viviane um dia viesse a gostar de alguém de família rica; somente assim conseguiria aumentar ainda mais o patrimônio que seus pais haviam deixado. Por isso mesmo, fez questão de sair bem lentamente, não se deixando perceber pelos dois.

Ficou tão confusa com tudo aquilo que foi para seu quarto, preferindo não sair mais.

Pela manhã, Roberto e Viviane pediram a Gustavo permissão para irem à praia. Gustavo, estranhando aquele pedido, antes nunca feito, respondeu:

— Por que não convidam Juliana?

Viviane, desconcertada, disse que Juliana teria prova no dia seguinte e teria de estudar muito aquela manhã.

Daquele dia em diante, Viviane e Roberto assumiram perante a família seu romance. Débora não sabia o que dizer. Gustavo não ficou surpreso, pois Viviane era realmente muito bonita e delicada, sem contar o brilho deslumbrante de seus olhos azuis.

Quando Clara percebeu que as coisas fugiam de seu controle, pediu para que chamassem Débora, que mais que depressa veio ao seu encontro. Mal entrou em seu quarto, Clara já foi logo perguntando:

— Você já sabia desse namoro?

Débora, sem esperar por aquela pergunta, respondeu:

— Bem, já há algum tempo observo o comportamento dos dois quando estão juntos, sabia que mais dia menos dia isso poderia acontecer.

Clara, não escondendo a raiva pelo acontecimento, disse:

— Fique você sabendo que não medirei esforços para não deixar que levem adiante tal situação e você, Débora, deveria fazer o mesmo. Não percebe que não nasceram um para o outro, que deveriam estar em mundos diferentes?

Débora se entristeceu ao constatar a posição da amiga perante o namoro dos dois jovens, e mesmo assim falou:

— Clara, quem somos nós para definirmos o destino das pessoas? Quando Deus as colocou sob nossa guarda e proteção, esperou apenas que nós as criássemos e orientássemos da melhor maneira possível, dando a elas sustento, carinho e dedicação para que futuramente possam, equilibrados espiritualmente, dar continuidade a tudo o que o destino reservou para cada um.

Clara percebeu logo que não conseguiria contar com a ajuda de Débora para afastar os dois. Mesmo assim, disse:

— Não espere muito, pois certamente desse namoro não sairá casamento, custe o que custar.

Débora desceu do quarto com os olhos cheios de lágrimas e encontrou Gustavo na sala. Não conseguindo esconder o que estava acontecendo, saiu correndo para o jardim. Gustavo jogou longe a revista que lia e foi atrás de Débora. Viu que o desespero tomava conta de seu coração e procurando ajudar segurou-a e perguntou o que havia acontecido para que ela ficasse daquela maneira.

Débora, não agüentando a pressão e também a solidão que a cercava, abraçou-o e sentindo os braços de Gustavo desabafou, deixando todo o seu pranto rolar em um ombro muito mais que amigo.

Gustavo dessa vez não agüentou. Não conseguindo com palavras tranqüilizar Débora, com seu corpo todo trêmulo, beijou-a delicadamente.

Débora, não encontrando forças para reagir, pouco a pouco se entregou àquele que já há muito amava de todo seu coração.

Foi um beijo tão prolongado quanto a espera daquele dia. Estavam ainda abraçados, quando ouviram Juliana chamar o motorista para atender ao telefone.

Voltando à triste realidade do momento, separaram-se rapidamente e Débora, sem saber o que dizer, achou melhor subir para seu quarto para segurar ainda mais por alguns momentos aquele instante já há muito tão esperado por ela.

Gustavo sentiu ainda mais amor, carinho e afeição por aquela mulher, ao perceber que ela havia retribuído aquele instante de carinho com tamanha intensidade.

Naquela noite, Clara, como em tempos atrás, não desceu para jantar; preferiu ficar sozinha em seu quarto procurando um meio para separar Viviane e Roberto.

Depois do jantar, Gustavo não foi para a sala como de costume. Preferiu ficar um pouco mais sob as estrelas, que naquela noite teimavam em ofuscar o seu olhar com tanto brilho.

Já era tarde da noite, quando Juliana foi deitar-se. Débora já estava livre e achou melhor ir direto para seu quarto para tomar um bom banho e poder sonhar um pouco mais, mesmo acordada.

Clara gastara tanta energia procurando arrumar um jeito de separar seu filho da filha de sua empregada que mais cedo do que de costume adormeceu. Nem mesmo esperou por Gustavo, pois sabia que ele gostava de ficar lendo livros em sua biblioteca até bem tarde da noite. Quando não lia aproveitava para estudar sua agenda do próximo dia de trabalho.

Mas naquela noite tudo era muito mais especial. Gustavo, não conseguindo fazer nem uma coisa e nem outra, resolveu subir para dormir.

Quando chegou a seu quarto, Clara já havia dormido. Pegou seu roupão e foi relaxar seu corpo com um bom banho, tentando tirar de sua mente o que havia acontecido naquela tarde.

Quanto mais ele procurava tirar Débora de sua mente, mais ainda sentia seu corpo reclamar sua presença. Terminou de tomar banho e já ia deitar-se quando ouviu um barulho estranho; abriu a porta e saiu para ver o que era, mas não havia nada; era apenas uma impressão e nada mais. Ao voltar-se, teve ímpeto de ir ao quarto de Débora. Não conseguindo reagir, aproveitou que todos na casa já estavam dormindo e foi até o quarto dela.

Assim que entrou, viu que Débora já estava em sua cama. Não conseguindo controlar-se, tirou o roupão e aos poucos aproximou-se dela.

Débora, que já estava quase dormindo, sentindo o perfume de Gustavo, não reagiu, abraçou-o e entregou-se para ele de corpo e alma naquela noite.

O dia já estava clareando quando Débora acordou e viu Gustavo ainda ao seu lado. Mais que depressa o acordou e pediu para que fosse para o seu quarto, pois Clara poderia acordar e dar por sua falta e então seria pior.

Apressado, beijou-a mais uma vez, e com cuidado para que ninguém percebesse, voltou para seu quarto.

Por mais que tentasse, não conseguiu dormir. Seus pensamentos viajavam pelas horas de amor pleno e total que tivera pela primeira vez com quem há muito sonhava.

Débora levantou mais cedo também, tomou um banho, arrumou-se e desceu para adiantar algumas coisas, já que não conseguiria mais dormir depois de tamanha felicidade.

Tanto Gustavo quanto Débora sabiam que aquela tinha sido a primeira de tantas outras noites de amor que ainda iriam desfrutar; não havia a necessidade de pressa nem de desespero, pois sentiam que seus corações não mais se separariam.

Depois daquele dia, Clara procurou aproximar-se de Viviane. Sempre que podia, solicitava sua companhia a lugares onde sabia que com certeza teriam outros jovens de sua idade.

Após algum tempo, percebendo a falta de interesse de Viviane por outros rapazes, achou que talvez conseguisse seu objetivo fazendo uso de bens materiais. Talvez esse fosse o caminho.

Cada vez que saía, não deixava de comprar roupas modernas e caras para Viviane. Percebia que seus olhos brilhavam a cada presente que recebia. Usando de seu lado negativo, parecia acertar sempre naquilo que Viviane realmente gostaria de ter e então o comprava, primeiro jóias, muitas jóias, e não pouparia dinheiro para conseguir alcançar seu objetivo.

Chegou ao extremo de contratar um belo rapaz de vinte anos, moreno de olhos verdes, para que a ensinasse a dirigir, quem sabe assim ela terminaria esquecendo o filho de Débora. Era tudo ilusão, não percebia que o que conseguia era apenas momentâneo em sua vida.

Roberto, por sua vez, percebendo que Clara a cada dia forçava ainda mais a situação para poder ter o controle da vida de Viviane em suas mãos, chegava a pensar que por maldade Clara fazia tudo aquilo, mas nada podia fazer contra ela, apenas pedir para que Deus não permitisse que Viviane se desvirtuasse em meio a tantos obstáculos.

A vida naquela casa continuou a mesma depois da noite de amor de Gustavo e Débora, mas dia a dia cada um sentia ainda mais a falta do outro. Era difícil para ambos morarem na mesma casa, sem poder ao menos demonstrar tamanho amor.

Em um de seus encontros, Gustavo e Débora combinaram que assim que Roberto se casasse com Viviane, os dois iriam embora para longe.

Seria difícil para Clara aceitar tudo, mas por outro lado também Gustavo sabia que ninguém perde aquilo que na verdade nunca teve. Clara teve a sua chance de melhora, e parecia mesmo que não a havia percebido. Não aprendeu nada durante o tempo todo que estivera em uma cadeira de rodas; parecia cada dia mais fria e egoísta.

Ela sabia que Gustavo já não tinha por ela o carinho e a afeição de antes; temia que a qualquer momento ele pedisse uma separação. Então era melhor para ela não demonstrar que havia percebido, mesmo porque ela nem imaginava o relacionamento do marido com a amiga. Achava que os anos em que ficou em uma cadeira de rodas tivessem levado seu marido a perder todo o desejo sexual por ela.

Não entendia muito bem o porquê, mas também sentia muita falta de tê-lo na cama como homem todas as noites, mas temia perguntar para ele o motivo pelo qual se comportava daquela maneira. Talvez Gustavo tivesse deixado de gostar dela por causa de sua doença.

Com todos esses pensamentos em sua cabeça, passou a sair ainda mais de casa, pois Gustavo já não controlava ou se interessava por suas saídas. Sempre se arrumava muito bem com seu belo corpo e acabava chamando a atenção de outros homens, o que de certa forma era motivo para que Clara aumentasse ainda mais sua vaidade.

Algumas vezes perguntava-se o motivo de Gustavo não se interessar mais em saber por onde ela andava durante todo o tempo que estava fora de casa. Chegou mesmo a imaginar que quem sabe em razão de tamanho sofrimento o marido não conseguisse mais cumprir com suas obrigações como homem dentro de seu casamento, mas nunca nem por um segundo desconfiou de nada em relação a Débora.

De tanto tentar, Clara acabou por transformar Viviane, que já se comportava diferente do que era, mostrava-se imponente e até mesmo egoísta algumas vezes, longe de ser a moça simples e carinhosa, aquela que aprendera desde cedo a respeitar a todos como irmãos.

Agora nem mais olhava para os empregados da casa, não conversava com Juliana como antes; apenas aceitava um pouco mais Débora não por respeitá-la como ser humano, mas sim por ser a mãe daquele a quem ela sempre amou.

Realmente Roberto era tudo o que sempre sonhou na vida. Imaginava o dia em que estivessem casados. Parecia que ao mesmo tempo em que Clara a transformava em relação a vida, o amor dela por Roberto aumentava cada vez mais.

Tudo ficava mais difícil com o passar do tempo. Clara sabia que por mais que tentasse, seu objetivo estava cada vez mais distante de se realizar.

O amor de Viviane por Roberto era inabalável. Cada vez mais ela se perdia em seus braços, entregando-se aos seus abraços e beijos.

Alguns meses se passaram. Roberto já notava em Viviane os resultados da mudança que Clara fazia, para que ela mudasse ainda mais em relação a tudo o que a cercava. Não tendo muitas opções por Clara ser mãe dela, conversou com Gustavo e pediu Viviane em casamento. Quem sabe assim Clara perderia o controle que a mantinha ligada a Viviane.

Débora aceitou essa união com muito carinho. Mesmo sabendo que Viviane era adotada, sempre teve muito respeito por ela. Percebia que à medida que a mãe tentava mudá-la, talvez no despreparo psicológico, dia a dia ela mudava sua maneira de pensar e agir.

Quando foi avisada do possível casamento dos dois, Clara ficou insuportável. Não conseguia mais estabelecer uma conserva saudável com ninguém e a todo instante notava-se mais agressividade de sua parte.

Vendo que sua tentativa não havia dado em nada, decidiu partir para separar os dois por meio da parte financeira.

Sabia que Roberto, recém-formado em medicina, não ganhava muito para poder manter o luxo que já há algum tempo ela oferecia a Viviane. Caso ela cortasse sua mesada, como Viviane faria?

Pensando nisso, colocou a filha na parede: ou desistia de uma vez por todas dessa idéia ou perdia não somente a mesada, como também todo o dinheiro deles. Já que amava tanto Roberto, que vivesse apenas com aquilo que ele pudesse oferecer.

Gustavo não participava das atitudes insensatas nem das decisões de Clara, mas pouco podia fazer. Não queria de maneira alguma discutir com a mulher, pois esperava que, com o casamento dos dois, Clara entendesse e aceitasse sua separação.

A idéia de Gustavo era primeiramente tratar de seu divórcio, para depois se casar legalmente com Débora.

Juliana formou-se em Nutrição e já estava trabalhando em um hospital. Sendo responsável pela alimentação dos pacientes, fazia aquilo que a agradava.

Há dois anos seu pai desencarnara, acometido de um ataque do coração, o que muito a entristecera.

Seu irmão conseguiu formar-se e já estava trabalhando como militar no Estado do Rio de Janeiro.

Juliana, trabalhando no hospital, conheceu um jovem chamado Jéferson, pelo qual se apaixonou, e acabou casando-se tempos depois.

Roberto, antes de comunicar a Viviane que já havia feito o pedido de casamento para seu pai, teve com ela uma conversa séria, a respeito de tudo aquilo que sempre julgou errado.

Sabendo que a hora era aquela e o momento também, disse:

— Bem, Viviane, gostaria que soubesse que nunca concordei com tudo o que sua mãe tentou mudar em sua vida para que você enfim se afastasse de mim. Não sei por que ela não gosta de mim; deve ser pelo fato de minha família ser de pessoas mais simples e de poucas posses. Sei que embora não conseguindo separar-nos, tenho de admitir, que se deixou levar com tudo o que ela ofereceu a você. Embora a conheça muito bem, gostaria que soubesse que caso um dia firmemos um compromisso maior, certamente não aceitarei nada que possa vir das mãos de sua mãe, em hipótese alguma. Terá de se contentar com aquilo que ganho, e aceitar a viver apenas com o que eu puder oferecer-lhe.

Viviane percebeu que aquela conversa não iria parar por ali. Procurando mostrar-se compreensiva, propôs aceitar tudo o que Roberto lhe falava.

Depois de ter aceitado todas as propostas de Roberto, ele a abraçou e a pediu em casamento. A felicidade que Viviane sentia em seu coração era plena, pois desde criança sempre gostou dele e com o passar dos anos passou a amá-lo ainda mais.

Viviane esperou sempre pelo dia em que Roberto a pedisse para ser sua esposa, agora não sabia o que responder, pois as palavras não conseguiam sair de sua boca. Parecia reviver em segundos todo o tempo de namoro e de felicidade que havia passado junto a Roberto.

Algumas vezes sentia em seu coração a incerteza de ver seu sonho realizado, mas agora podia respirar mais aliviada; já tinha certeza de que faltava pouco para ser inteiramente feliz.

Pela primeira vez, não sabia como dar a notícia a sua mãe; achou melhor esperar que seu pai mesmo a comunicasse.

Viviane sentiu que havia tomado a decisão certa, pois chegou uma hora em que teve de escolher entre Roberto e sua fortuna. Esperava que com o tempo sua mãe se acostumasse com o seu casamento e voltasse atrás em relação a tudo o que havia dito.

Clara ficou com os nervos à flor da pele quando a notícia do casamento de Viviane e Roberto chegou em seus ouvidos. Não analisando a conseqüência de sua atitude, com intenção de estragar o clima de felicidade de Roberto, chamou Débora e a mandou embora. Dessa vez, Gustavo tomou a defesa de Débora, mas ela mesma achou melhor sair dali. Sentia que dali para a frente teria de enfrentar de cara os desaforos e o egoísmo de Clara, e não precisava disso, com certeza.

Débora, quando vendeu sua casa para morar com Clara, guardou o que recebera pela venda do imóvel em uma caderneta de poupança. Estava chegando a hora de correr atrás e sair para procurar um local para morar.

Roberto ficou muito triste e magoado, ao saber da atitude que Clara tomou em relação a sua mãe, mas não podia esperar outra coisa, vindo de uma pessoa como ela era.

Gustavo, sem poder exigir nada, acabou aceitando a situação. Sabia que o momento que tanto ele quando Débora esperavam estava cada vez mais próximo. Roberto procurou sua mãe e a convidou para morar com eles, pois já tinha mobiliado uma casa e também ela seria uma boa companhia para Viviane.

Débora, sempre demonstrando muito equilíbrio, sem magoar o rapaz, recusou. Sabia que a qualquer momento, Clara iria sem dúvidas visitar sua filha, o que certamente seria seu direito e não daria certo mesmo. Sabia que de uma determinada maneira tiraria também a liberdade dos dois.

Gustavo acertou todo o pagamento de Débora. Ela foi passar alguns dias na casa de sua tia, para descansar a cabeça um pouco mais. Dessa vez tinha deixado o endereço com Gustavo para que ele escrevesse ou mesmo ligasse para ela para matarem um pouco a saudade que mesmo perto maltratava seus corações.

Débora, antes de seguir viagem para a casa de sua tia Aldinéia, passou em uma imobiliária e pediu para que fossem adiantando algum imóvel pequeno para que depois de uns quinze dias ela tivesse onde morar.

Roberto, aproveitando aquele fim de semana, levou sua mãe para o interior. Assim seria possível deixar seu convite de casamento e rever aqueles que sempre lhe foram queridos.

Viviane, assim que soube da viagem, receosa em imaginar que talvez fizessem a cabeça de Roberto para desistir do casamento, pediu

para seu pai para acompanhá-lo naquela viagem. Quando tia Aldinéia soubesse que Débora de agora em diante ficaria sozinha, não gostaria da idéia.
    Gustavo aceitou aquele pedido, pois sabia que Débora estaria por perto para qualquer eventualidade.
    No sábado, logo pela manhã, Gustavo se viu sozinho com Clara e pela primeira vez sentiu um aperto em seu coração. Como seria sua vida se Débora não tivesse aparecido? Certamente viveria o restante de seus dias se entregando às angustias que o viver com Clara haveria de lhe proporcionar.
    Logo depois do almoço, chegaram à fazenda da tia de Débora. Já sentiam o delicioso aroma da comida de sua tia Aldinéia, logo que seu carro se aproximou da casa. Roberto buzinou devagar para não assustar sua tia e, em pouco tempo, Cristina saía pela porta correndo ao encontro de todos com os braços abertos. Há muito tempo não os via e já da última vez que viu Roberto seu coração pareceu pular para fora de tamanha emoção.
    Tia Aldinéia, mesmo com mais idade, se encontrava totalmente lúcida. Parecia conseguir pegar alguns acontecimentos no ar e, pelo olhar e a alegria da sobrinha anos atrás quando Roberto veio com Débora passar apenas uma semana na fazenda, sabia que o coração de Cristina estava lhe pregando mais alguma peça.
    Preocupava-se ao saber que era seu primo, talvez nunca a olhasse como mulher, mas nunca havia tocado nesse assunto com a filha, rezava aos céus e pedia apenas para que sua querida e adorada filha não sofresse por causa daquele sentimento.
    Quando Cristina viu Viviane, achou que fosse apenas uma amiga, mas quando foi apresentada para todos como a futura esposa de Roberto, Cristina emudeceu. Por toda a sua educação, não saiu correndo e chorando para seu quarto, mas não conseguiu esconder de ninguém seu descontentamento ao saber de Viviane.
    O fato foi tão notório que até mesmo Roberto percebeu e por instantes ficou em dúvida. Será que realmente ele estaria enganado ou será que sua prima gostava dele?
    Ali estava uma pergunta que com certeza Roberto não poderia fazer a ninguém dali, pois se estivesse enganado a situação ficaria ruim.
    Quando Roberto olhou nos olhos de Cristina, sua tristeza era tão clara que pouco deveria estar enxergando pelo fato de seus olhos estarem cheios de lágrimas.

Cristina, apesar de muitos anos mais velha que Roberto, era muito conservada pela vida que tinha na fazenda, sempre fazendo alimentações saudáveis. Alegre e sem problemas mais sérios para resolver, não aparentava sua idade.

Aldinéia sabia que esse era o motivo de Cristina nunca se abrir em relação ao que sentia por seu primo, o qual em verdade acompanhou desde seu nascimento, pois quando Roberto nasceu Cristina já tinha quase 16 anos e sentia-se envergonhada por carregar por Roberto aquele tipo de sentimento.

Foi difícil para Cristina daquela vez receber Débora com a mesma alegria como das outras vezes em que podiam falar e conversar sobre tudo. Agora Cristina já tinha algo em seu coração que não queria e nem podia dividir com Débora.

Aquela semana foi angustiante para Cristina, fato que por mais que tentasse não conseguia esconder.

Débora conversou com Aldinéia para saber se ela ainda freqüentava a Casa de Caridade que em tempos atrás tanto a orientou.

Sua tia, observando a necessidade da sobrinha, disse:

— Já não a freqüento tanto como antigamente; agora a casa já se encontra sob nova direção, pois o antigo diretor já não tem mais condições físicas para continuar levando uma casa de tamanha grandeza. Seu filho assumiu o seu lugar e com muita eficiência. Uma vez por mês eu acompanho Cristina, mas ela não deixa de ir todas as semanas. Terminou encontrando-se dentro da espiritualidade.

Débora tinha em sua tia uma segunda mãe; sabia que se não fosse pela ajuda dela, certamente teria se desvirtuado diante de inúmeras dificuldades que o mundo insistia em lhe apresentar.

Da mesma forma, com o passar do tempo Aldinéia aprendeu a conhecer a sobrinha, mesmo quando tentava encobrir algum acontecimento com gracejos ou sorrisos.

Sendo assim, não demorou muito para indagar Débora sobre o motivo verdadeiro de sua visita. Não querendo falar sobre o motivo naquele momento, Débora disse apenas que o excesso de responsabilidade a deixou com muito cansaço mental e, sendo assim, nada melhor do que poder descansar na fazenda e ao mesmo tempo visitar todos ali.

Preferiu não tocar em assuntos tão particulares de imediato. Tia Aldinéia ignorava que Viviane fosse filha de Clara e de Gustavo, portanto não especulou mais nada naquele dia.

Naquela noite, logo depois do jantar todos foram para a sala para conversar um pouco mais. Apenas Cristina preferiu subir, desculpando-se por não fazer companhia para todos.

Roberto estava com muita saudade daquele lugar; tinha de admitir que ali sempre encontrava a tranqüilidade e a paz que em sua cidade nunca tivera.

Roberto não dispunha de muito tempo para lazer no Rio de Janeiro e sempre ocupou seu tempo com estudos e cursos para aumentar cada vez mais a sua intelectualidade.

Sabia-se também que seu serviço tomava grande parte do tempo e, como ainda não possuía consultório próprio, terminava dando muitos plantões em hospitais. Quando podia descansar ainda ajudava em uma Associação Infantil de Crianças Especiais, como voluntário.

Essa parte de seu trabalho, nem sua mãe conhecia. Desde que conseguiu formar-se, havia prometido a ele mesmo que nunca iria desamparar os mais necessitados. Era sempre com muito amor e carinho que oferecia seus serviços duas vezes por semana na Associação.

Roberto sempre foi muito querido e estimado por todos. Muitos estranhavam como um jovem rapaz que poderia estar aproveitando o seu tempo e gastando seu dinheiro com programas para sua idade, preferia usá-lo para ajudar os mais necessitados.

Quando Roberto começou a perguntar a respeito da fazenda, Débora viu um brilho em seus olhos, coisa que nunca havia visto anteriormente.

Como em várias oportunidades ele viera sozinho para o interior, mesmo sendo sua mãe, nunca imaginou que aquele tipo de vida o agradasse tanto.

Viviane, não se interessando muito pela conversa, pediu para que Roberto a levasse para o quarto para repousar, alegando estar cansada da viagem.

Tia Aldinéia nada disse, mas aos poucos notava que Viviane e Roberto não tinham os mesmos gostos e também a jovem parecia mostrar-se insegura em relação aos sentimentos de Roberto.

Enquanto conversavam, sem que ninguém percebesse, Aldinéia observava todas as reações daquela que pretendia roubar o coração de Roberto. Sem saber por que, já sentia muitas dúvidas em relação àquela futura união; apenas não conseguia distinguir que o que a fazia sentir-se daquela maneira ao lado de Viviane era ainda a energia de Clara que estava muito acentuada.

Nada passava despercebido aos olhos de Aldinéia. Desde pequena sempre aprendeu a olhar as pessoas por dentro; sabia que assim poderia tirar conclusões mais corretas e sensatas a respeito de determinados comportamentos que muitos não notavam.

Roberto beijou Viviane no rosto e desceu em seguida, pois não perderia de maneira alguma a oportunidade de tomar um chá feito pelas mãos de Aldinéia antes de dormir.

Na manhã seguinte, Roberto levantou muito cedo para cavalgar. Achando que tinha sido o primeiro a levantar-se se surpreendeu com Cristina, que há muito já cavalgava pela fazenda.

Quando percebeu Roberto, afastou-se um pouco, porém isso de nada adiantou: ele correu em sua direção.

Saíram cavalgando pelo pomar e Cristina fazia questão de mostrar a ele, como naquele ano as árvores estavam carregadas de frutos. Sabia que Roberto desde pequeno sempre que fugia era encontrado no pomar. Portanto, estava nele amar tudo aquilo que vinha da terra; sempre gostou das coisas mais naturais.

Quando perceberam, já estava quase na hora do almoço, Cristina avisou para que ele não demorasse a almoçar, pois ela já estava indo para sua casa.

Roberto sempre sentiu vontade de morar na casa de tia Aldinéia, amava a Natureza e se identificava muito com a fazenda. Por isso, sempre que possível dava uma fugida do Rio de Janeiro para poder respirar um ar muito mais puro no interior.

Viviane, ao levantar, viu que Roberto havia saído para cavalgar, aproveitando o sol. Pegou uma revista que havia trazido de sua casa para ler durante a viagem e deitou-se na grama para tomar um pouco de sol.

O dia passou rapidamente e ao anoitecer Cristina se arrumava para ir à Casa de Caridade quando Débora entrou em seu quarto e pediu para que ela a levasse também.

Cristina não a havia convidado, pensando que talvez Roberto e Viviane quisessem ir também. De uma determinada forma, atrapalharia seu trabalho.

Ficou feliz quando a prima pediu para que fossem sozinhas naquela noite. Débora esperava há muito a oportunidade para voltar àquela casa que sempre ofereceu a ela ajuda e sustentação para um viver melhor.

Saíram juntas. Viviane preferiu que Roberto a levasse para conhecer a cidade e passear pela bela praça que havia visto quando chegou. Ele mesmo, sem muito interesse, achou melhor satifazer a vontade de Viviane naquela noite.

Quando chegaram ao centro, Débora estranhou um pouco a colocação de alguns móveis que não estavam nas mesmas posições que antes, mas a assistência continuava lotada. Ao entrar, logo um belo jovem veio ao encontro de Cristina, demonstrando tanta alegria ao perceber a chegada da jovem que nem notou que Débora estava a seu lado.

Cristina tratou logo de fazer as apresentações. Assim que Bruno percebeu que a pessoa que seu pai estava esperando havia chegado, pediu para que ela sentasse e esperasse um pouco, pois seu pai não demoraria a chegar.

Pouco tempo depois, o pai de Bruno, o sr. Diógenes chegou, abraçou Débora e, com um sorriso nos lábios, sentou-se a seu lado durante a sessão, pois já fazia alguns meses que Bruno assumira o seu lugar na mesa.

Enquanto não se iniciava o trabalho, Débora mesmo conversando com o sr. Diógenes, não deixou de perceber o olhar que Bruno lançava de vez em quando para Cristina.

Deram então início à sessão. Bruno não deixava nada a desejar. Pelo visto, havia herdado do pai o espiritualismo e direcionamento, pois dava muita firmeza aos médiuns daquela mesa por intermédio de suas palavras.

Aos poucos, a energia na sala começava a mudar com preces e pedidos de auxílio espiritual para os necessitados, Débora não tinha o dom da vidência, mas poderia jurar que naquele momento a sala estava cheia de espíritos de luz que vieram também para a ajuda no intercâmbio com o plano espiritual.

Aos poucos, Cristina trazia para a mesa através de seu aparelho o espírito de Fátima, mãe de Débora.

Débora nem imaginava que aquela noite seria para ela muito especial. Assim que Cristina incorporou, disse:

"Boa noite, queridos irmãos, mais uma vez venho através desta médium, passar alguns esclarecimentos para uma pessoa que hoje com muita alegria visita esta casa. Agradeço primeiramente à graça de nosso Pai Celestial em poder auxiliá-la, para que possa saber em verdade qual deve ser sua posição diante dos problemas e também dos obstáculos com que a vida a cerca neste momento.

 Ficamos felizes ao saber que mesmo reencontrando aquele ao qual sempre foi unida espiritualmente, soube ter um bom discernimento e sabedoria necessária para contornar a situação, resolvendo problemas para abrandar o coração daquela que durante muitas encarnações tudo fez para sua infelicidade.
 Apenas nos entristecemos em ver que irmã Clara, por mais que tenha recebido ajuda espiritual, tendo sido poupada de continuar em uma vida sedentária e infeliz, nada aprendeu.
 Como vê, minha filha, tudo tem o seu tempo e a hora certa, mesmo que você não tenha escolhido vingar-se de quem a prejudicou, prestando a ajuda necessária e a caridade, conseguiu ganhar o coração daquele que sempre amou no passado.
 Hoje não sabe muito bem o que fazer, pois não contava com a união de seus filhos nesta vida. Percebe que isso apenas dificultará tudo o que vocês esperam do futuro.
 Mesmo assim, minha filha, o céu a coloca em posição de poder usufruir todo o amor contido durante muitos séculos dentro de seu coração.
 Já fez a sua parte; agora nada mais a prende a outra irmã; viva sua vida em paz com aquele que sempre a amou e que tempos atrás já poderia estar a seu lado se não fosse por ela. Não se afaste de sua missão espiritual; pelo contrário, Gustavo também deverá junto a você adquirir mais conhecimentos e esclarecimentos, para juntos dirigirem um local para o aprendizado daqueles que não possuem nenhum conhecimento.
 Temos certeza de que serão bem assistidos por mentores e também por espíritos de Luz, que esperam a oportunidade de poder ajudar nessa constante luta rumo ao amor incondicional.
 Bem, não me é permitido dizer nada mais a esse respeito. No momento, quero aproveitar para dizer a todos que aqui se encontram para que usem o exemplo desta irmã como direção em suas caminhadas.
 Quanto mais puderem praticar a caridade a quem quer que seja, mais conseguirão elevar-se diante de Nosso Pai.
 Jesus não deixa escapar nada de Suas vistas, portanto não pensem duas vezes quando se sentirem em dúvida sobre qual ação tomar diante dos obstáculos que a vida lhes apresentar. Tomem sempre a direção do Amor, da entrega e da caridade, mas com muita humildade, pois de nada adiantaria oferecer com uma das mãos e tomar com a outra.

Que o exemplo do perdão direcione vocês rumo a tudo o que Jesus lhes reservou.
Boa noite a todos e a você, minha filha querida, muita paz e muito amor...
Que Nosso Mestre Jesus abençoe a todos vocês, homens de boa vontade, que dê também sustentação aos fracos de espíritos e aos pobres de sentimentos".

Dizendo isso, Cristina desincorporou, mas mantendo calma e muito equilíbrio.

A seguir, outros médiuns que também faziam parte da mesa puderam passar para a assistência outras palavras de ensinamentos trazidas por outros mentores espirituais naquela mesma noite.

Assim que terminou, Débora estava muito feliz. Valeu a pena ter esperado tanto tempo para trabalhar no presente a oportunidade perdida no passado.

Quando quase todos saíam da sala, Bruno quase correu para encontrar mais uma vez e trocar algumas palavras com Cristina, mas ela parecia nem perceber, ou em verdade não ligava mesmo, apenas aceitava falar com ele por educação e nada mais.

Na volta para casa, Débora não deixou de comentar a respeito de Bruno para Cristina, mas ela não se interessou.

Débora ficou mais alguns dias na casa de sua tia Aldinéia, o suficiente para em uma das idas à Casa de Caridade, convidar Bruno para passar um dia na fazenda e almoçar com eles. Mesmo Cristina não tendo gostado, Débora alegou que seria uma boa maneira de Roberto conhecê-lo ainda antes de ir embora.

Estava combinado que os três voltariam no próximo domingo. Naquele sábado logo pela manhã Bruno chegava à fazenda, acompanhado pelo sr. Diógenes, que aproveitou para fazer uma visita à tia Aldinéia e conhecer o local onde elas moravam.

Cristina mostrou-se impaciente, por não conseguir trabalhar o ciúmes que tomava conta de seus sentimentos em relação a Roberto. Logo depois do almoço Roberto convidou Viviane, Cristina e Bruno para darem um passeio pela fazenda. Ele não notava que a presença de Viviane deixava Cristina cada vez mais desorientada.

Ao saírem, Roberto abraçou Viviane e caminhando seguiram ao lado de Cristina e Bruno. Depois de conhecer quase toda a fazenda, Roberto percebeu que Bruno adoraria ficar a sós com Cristina. Rapidamente se distanciaram um pouco, para que assim conseguissem ficar separados dos dois. Aos poucos tendo que suportar Bruno, Cristina começou a sentir interesse por suas conversas e sempre que o olhava não sentia nenhuma atração, mas depois de caminharem algum tempo juntos, Bruno conseguiu fazer com que Cristina não apenas ouvisse, como também expusesse seu modo de pensar.

Chegaram à fazenda cansados e suados. Tia Aldinéia pediu para que Bruno fosse até o quarto trocar a camisa que estava molhada de suor. Cristina foi rapidamente ao quarto de hóspedes e pegou uma das camisetas que sempre conservavam na gaveta, para uma eventual necessidade.

Quando foi ao quarto levar a camiseta, Cristina percebeu que a porta estava aberta. Bem devagar foi chegando, em tempo ainda de perceber Bruno sem camisa. Por um segundo teve uma sensação estranha: Bruno era muito bonito e tinha um corpo escultural. Pela primeira vez ela havia notado que belo rapaz ele era.

Bruno, sentindo a presença de Cristina atrás dele, virou-se rapidamente, o que deixou Cristina envergonhada. Mais que depressa ela entregou a camiseta a Bruno que, aproveitando, não deixou de apertar as mãos dela enquanto recebia.

Sentindo o calor de suas mãos, Cristina saiu rapidamente do quarto e foi para sala juntar-se aos outros, enquanto esperavam o café da tarde ser servido por tia Aldinéia.

O sr. Diógenes já há muito tempo havia percebido o interesse do filho por Cristina. De sua parte fazia muito gosto em que os dois começassem a namorar, mesmo sabendo que ainda demoraria um pouco, tinha esperança em um belo futuro para os dois.

Aquele resto de tarde passou rapidamente. À noite Débora se recolheu mais cedo do que de costume. Estava preocupada, pois desde que chegou não havia recebido nenhum telefonema de Gustavo, já estava quase chegando o dia de ir embora e ele não mandara nem mesmo uma carta.

Estaria acontecendo alguma coisa? Quem sabe?

Débora sentia que logo suas dúvidas seriam esclarecidas, era apenas uma questão de esperar.

Estava pensando em Gustavo quando tia Aldinéia bateu em seu quarto e perguntou:

— Débora, ainda está acordada?

Por sorte, Débora ainda tinha todos os seus pensamentos em Gustavo e, ouvindo, respondeu:

— Sim, titia, pode entrar.
Assim que entrou, Aldinéia foi logo pegando uma cadeira que ficava perto da janela. Sentando-se, disse a Débora:
— Tenho de falar uma coisa, não sei se irá gostar.
Débora, apreensiva, respondeu:
— Pode falar, tia. Aconteceu alguma coisa?
Aldinéia não tinha por costume comentar sobre a vida dos outros, mas não estava conseguindo guardar somente para si o que se passava em seus pensamentos.
— Bem, não é isso. Desde que vocês chegaram tenho a impressão que o casamento de Roberto e esta moça não dará certo, nem eu mesma sei por que.
Débora achou que era hora de contar para a tia quem era Viviane, e aproveitando o fez:
— Sabe, tia, não comentei a respeito disso antes porque achei que não fosse necessário, ou para falar a verdade, talvez porque eu também gostaria de esquecer. Viviane, noiva de Roberto, é filha de Clara e Gustavo.
Quando Aldinéia ouviu aquilo, seus olhos quase pularam para fora das órbitas. Assustou-se, sabendo de tudo o que tinha acontecido com a sobrinha. Sentia que a situação se tornava cada vez mais difícil para ela e Gustavo.
Tia Aldinéia ficou pensativa, não sabia o que falar a respeito de tudo aquilo.
Ergueu os olhos e disse:
— O destino não cansa de nos pregar peças, não é mesmo? Meu Deus!... O que fará depois do casamento dos dois? Esteja preparada para o pior, minha filha, não somente por parte de Viviane, como também de Roberto. Bem, acho que este assunto não deve acabar tão cedo. Melhor irmos dormir e descansar; quem sabe outro dia falemos um pouco mais sobre tamanha confusão.
Dizendo isso, tia Aldinéia levantou-se e saiu do quarto.
Débora sentiu em sua tia insegurança e medo. Aldinéia sabia que não seria fácil para Débora conseguir o perdão do filho e de Viviane, pelo que ela e Gustavo estavam pensando em fazer.
Alguns dias se passaram. Roberto já voltava de viagem, agora mais descansado para enfrentar novamente o dia-a-dia dentro daquele hospital. Viviane estava feliz, pois todos aqueles dias ao lado de Roberto fizeram com que ela se apaixonasse ainda mais por ele.

Débora, chegando em sua cidade, pediu a Roberto que a deixasse em um hotel, até que conseguisse resolver sua situação. Como sempre foi uma pessoa trabalhadora e segura, não teria problemas para se manter até conseguir colocar a sua vida novamente em seu devido lugar.

Mesmo contrariado, Roberto obedeceu, não disse mais nada. Antes de sair do *flat* onde Débora se instalara, pediu para sua mãe que, caso precisasse de alguma coisa, ligasse para ele.

Débora agradeceu, abaixou a cabeça e subiu; sabia que se ficasse ali por mais alguns minutos, não conseguiria segurar as lágrimas que mesmo não desejando sairiam de seus olhos, exteriorizando a tristeza em ter de se afastar de seu filho pela primeira vez na vida. Tomou banho, jantou e deitou-se mais cedo para descansar da viagem; sabia que o dia seguinte seria muito difícil.

Quando chegaram à casa de Clara, Viviane correu ao encontro da mãe para contar todas as novidades da viagem, dando assim oportunidade de Roberto e Gustavo conversarem a sós com tranqüilidade. Gustavo estava ansioso para perguntar por Débora, mas não o fez; esperava que a qualquer momento Roberto deixasse escapar alguma noticia de sua mãe.

Sem rancores, Roberto avisou a Gustavo que apenas ficaria ali por mais três meses, o tempo suficiente para a entrega da casa que havia comprado. Pediu para Gustavo não dizer nada a Viviane por enquanto, pois assim seria melhor.

Como bom amigo, Roberto disse a Gustavo:

— Gustavo, eu sempre o tive como pai, sabe bem disso, não é verdade?

Emocionado, Gustavo respondeu:

— Eu sempre o criei como o filho que eu nunca pude ter, sempre, procurei ajudar tanto a você quanto a sua mãe de todas as maneiras que pude. Espero que você não tenha hoje mágoa de mim pelo que aconteceu.

Roberto, procurando tranqüilizar Gustavo, disse:

— De você, claro que não. Sempre depositei em você confiança, carinho e respeito. Se hoje sou o que sou, grande parte disso devo a você. Por outro lado, você sabe que não aceito determinadas atitudes tomadas por sua esposa, tentando cada vez mais me separar de Viviane. Bem, sei que ela não me aceita, talvez nunca venha a me aceitar por não termos a mesma condição social que ela. Por isso, não tentei impedir quando minha mãe pediu para que a deixasse em um hotel até que resolvesse de vez a situação.

Gustavo, achando aquele momento apropriado, perguntou como quem não quer nada:

— Em que hotel ela ficou, Roberto?

Sem perceber a fundo o motivo da pergunta, Roberto respondeu:

— Bem, deixei-a próximo à praia de Ipanema.

Gustavo não sabia se ficava triste por não poder ver sua querida Débora ou se ficava feliz, sabendo onde procurá-la; certamente agora seria muito mais fácil encontrá-la.

Sabia que Débora devia estar chateada por ele não ter ligado. Nem mesmo lhe escreveu enquanto ela estava no interior, mas de certa forma foi a atitude mais sensata que ele poderia ter tomado.

Por vezes, pensava como explicaria a Viviane, caso alguma carta sua caísse nas mãos dela.

Mesmo assim, não via a hora de poder rever e abraçar Débora.

Clara já não contava nada na vida de Gustavo, já fazia vários meses, e dia a dia a convivência entre eles se tornava cada vez mais insuportável. Como não desconfiava de nada em relação a Gustavo, aproveitava sempre para jogar em sua cara que o que ele havia conseguido até então nada mais era do que a herança que o pai dela havia deixado. Em sua tamanha ignorância, não percebia que por meio do trabalho e constante eficiência de Gustavo é que seus bens dia a dia cresciam e se multiplicavam cada vez mais.

Gustavo, percebendo a posição da mulher, há muitos anos, sempre guardou dinheiro para eventual necessidade, pois sendo muito responsável, sentia que Clara gastava dinheiro como se fosse água e nunca parava para pensar como seria o dia de amanhã.

A estabilidade de vida que Gustavo adquiriu, nada mais era que competência de seu trabalho, pois se dependesse de Clara, tudo já estaria perdido há muito tempo.

Sentia-se triste ao ouvir determinadas palavras que Clara sempre lhe dizia, tentando diminuí-lo, não o poupando de forma nenhuma de muitas humilhações.

Quando viu que não conseguiria nada mais com seu marido, Clara resolveu apelar para festas, encontros secretos, pensando que Gustavo nada sabia. Sem amar ninguém e sem respeitar nada, entregava-se à bebida socialmente nos fins de semana.

Quase sempre Juliana ligava para falar com Débora. Já fazia quase um mês que não mantinha contato, por estar passando suas férias na cidade natal de seu marido; como só ia começar em seu serviço em três dias, ligou para marcar um almoço com Débora e contar todas as novidades de sua viagem.

Naquela manhã, quem atendeu ao telefone foi Gustavo. Como Juliana ligou logo pela manhã, ele ainda tomava o seu café da manhã e interrompeu a refeição para atender à ligação.

Juliana, conhecendo a voz de Gustavo, surpreendeu-se. Sabia que nenhum dos dois tinha o costume de atender às ligações telefônicas naquela casa, mas mesmo assim sentiu-se feliz, pois há muito tempo não falava com Gustavo e com alegria, disse:

— Desculpe incomodá-lo, sr. Gustavo. Como está, tudo bem?

Gustavo, reconhecendo a voz de Juliana, também ficou contente e falou:

— Puxa! Até que enfim você liga para a nossa casa; até parece que nos esqueceu!

Juliana, sem graça, procurou desculpar-se:

— Não é isso sr. Gustavo. O tempo é curto demais; tenho trabalhado muito e à noite agora também tenho minha casa. Gostaria que qualquer dia desses o sr. e dona Clara viessem fazer-me uma visita, caso queiram, é claro. Minha casa é simples, mas bastante acolhedora, e ficaríamos felizes com a presença de vocês. Sr. Gustavo, aproveitando, gostaria de falar com Débora, seria possível?

Gustavo não sabia o que dizer, pensou um pouco e resolveu falar a verdade:

— Infelizmente, Juliana, Débora não mora mais aqui.

Do outro lado da linha, Juliana ficou surpresa. O que teria acontecido para que Débora saísse de lá?

— Mas, sr. Gustavo, e agora, como posso encontrá-la?

Gustavo, lembrando-se da descrição de onde ficava seu hotel, disse:

— Bem, Juliana, creio que no momento Débora deva estar hospedada em algum hotel na praia de Ipanema. Seria melhor confirmar com Roberto, quem sabe ele daria a você até o telefone de lá. Por favor, caso consiga falar com ela por esses dias, peça para que ela ligue em meu escritório o mais breve possível, por favor.

Juliana estranhou um pouco aquele apelo; lembrou-se do que havia visto tempos atrás no jardim da casa de Gustavo. Algo passou pela sua cabeça: será que não conseguiram segurar o sentimento que tomava conta de seus corações?

— Bem, sr. Gustavo, tenha certeza de que assim que conseguir localizá--la, darei o seu recado. Bem, até logo e novamente desculpe incomodá-lo.

Gustavo desligou o telefone confiante. Sem saber por que sentia que Juliana daria o seu recado. Agora era só esperar.

Estavam quase no meio do mês de janeiro, e o casamento de Roberto e Viviane estava marcado para maio daquele ano.

O tempo passava cada vez mais rápido para todos e Débora já havia conseguido a compra de um apartamento próximo à praia. Mesmo não gostando muito de nadar, o mar sempre foi para ela um local onde conseguia refazer-se de tudo o que a abalava ou de tudo para que não encontrava solução. De vez em quando tirava um tempo para passear à beira-mar e, mesmo não estando acompanhada, nunca se sentia só.

O mar sempre se mostrou muito mais do que amigo. Podia-se dizer que ela sempre o tivera como companheiro em todas as horas difíceis de sua vida.

Juliana, depois de ter encontrado Débora, tornou-se mais amiga do que sempre fora. Mesmo estando casada, nunca deixou de participar e ajudar Débora em tudo o que ela precisava.

Naquele fim de semana, Juliana ficaria sozinha, pois seu marido precisara viajar a trabalho. Resolveu então ficar com Débora em seu apartamento. Como ainda não tinham filhos, Juliana e o marido sempre procuravam não deixar Débora sozinha. Era difícil o fim de semana em que não se viam.

Jéferson, marido de Juliana, não tinha família no Rio de Janeiro; seus pais viviam em Ribeirão Preto, onde ele morou durante toda sua infância.

Por esse motivo, era de seu agrado que Juliana tivesse amizade com Débora, pois sabia que, depois da morte do pai dela, Débora acabou assumindo o direcionamento de sua vida, portanto não tinha motivo para se preocupar.

Com o passar dos dias, vendo que Débora não se comunicava de maneira nenhuma, Gustavo, sem que ninguém observasse, seguiu Roberto até perto do prédio onde Débora morava, tentando não ser notado pelo jovem. Assim que Roberto subiu pelo elevador, Gustavo procurou obter mais informações com o porteiro, tentando descobrir em que andar Débora morava e também tentando pegar o número exato do apartamento.

Conseguindo seu objetivo, saiu mais tranqüilo, pois sabia que agora a qualquer momento poderia ver Débora e se desculpar por tudo.

Na manhã seguinte, Gustavo saiu de casa, mas foi ao encontro de Débora. Ainda eram oito horas da manhã quando Gustavo entrou no prédio normalmente. À porta do apartamento, tocou o interfone e aguardou até que Débora fosse atendê-lo.

Débora, sabendo que quase ninguém tinha o seu endereço, nem olhou pelo olho mágico; abriu direto pensando que fosse Roberto. Quando viu Gustavo, seus olhos brilharam intensamente. Sem saber o que dizer naquele momento, ambos se abraçaram e depois de muitas juras de amor passaram o resto daquela manhã juntos.

Gustavo explicou para Débora por que ele achou melhor não entrar em contato com ela no interior. Depois de pensar um pouco, ela mesma chegou à conclusão que realmente ele havia feito a coisa certa.

Falaram muito a respeito do casamento de Viviane e Roberto, pois faltavam apenas dois meses para o dia tão esperado. Ambos sabiam que seria muito difícil esconder de todos tanto amor; teriam de se fortalecer e se preparar para levar adiante tudo o que haviam combinado tempos atrás.

A partir daquele dia, pelo menos duas vezes por semana Gustavo saía da empresa para poder ficar a sós com Débora, alegando ter reunião no período da tarde, e cada dia mais Clara se perdia em meio a coisas que sua mente sem um bom equilíbrio insistia em trabalhar.

Já era mais comum, mesmo em companhia de Gustavo, Clara tomar seus aperitivos, sem nenhum controle.

Algumas noites, mesmo sem amá-la, carregava-a nos braços e a colocava em sua cama. Sabia que caso Clara fosse subir sozinha poderia se desequilibrar e cair, então seria muito pior.

Já não se tocavam mais há muito tempo. Clara, quando estava em sã consciência, chegava a pensar que Gustavo tivesse uma amante, mas o medo de enfrentar uma realidade dura e cruel e a bebida que a cada dia tomava conta de seus pensamentos enfraqueciam sobremaneira a bela mulher que outrora tanto judiou do coração de Gustavo.

Clara até já havia aceitado, não por livre e espontânea vontade, lógico, o casamento de Viviane, que, com a agenda lotada de compromissos para realizar antes do dia de seu casamento, não percebia que a mãe se entregava cada vez mais à bebida.

    Quando Clara era procurada por Viviane, sempre fingia estar ao seu lado, escondendo dentro de si os sentimentos de ódio e vingança que já há algum tempo sentia por Roberto, mesmo sem saber que Débora era a outra mulher na vida de Gustavo.

    Os dias se passaram, e aos poucos chegava o dia do casamento dos jovens. Gustavo, dois dias antes, teve uma conversa séria com Clara a respeito de bebida; pediu para que ela ao menos poupasse Viviane de passar vergonha, pois ela não era culpada de tudo o que estava acontecendo na vida dos dois.

    Clara, durante os últimos dias segurou-se e não bebeu; não por Viviane mas por ela mesma. Sabia que na festa certamente estariam figuras importantes e quem sabe ela conseguiria ainda viver um grande amor, pois para Clara amor sem dinheiro, nunca seria amor.

    Chegando o dia do casamento, Viviane estava realmente linda. Assim que terminou de se arrumar, seu pai entrou no quarto e ela, correndo, foi abraçá-lo, sentindo antecipadamente como seria difícil afastar-se daquele que, mesmo não sendo seu verdadeiro pai, sempre fez todo o possível para vê-la feliz.

    Gustavo, então, disse:

— Ei, mocinha, pare com isso, não vê que assim vai borrar sua maquiagem?

    Viviane, tentando conter sua emoção, respondeu:

— Ainda é tempo para agradecer o que tanto você como Clara fizeram por mim. Quando me adotaram, sabiam que tanto poderia dar certo como não, e nunca passaram para mim incerteza, mas o tempo todo me fizeram sentir muito amada, tanto você como Clara. Hoje, já adulta, percebo sem margem de dúvidas que se por um lado ajudei a unir vocês dois, por outro percebo que se estão juntos é apenas por minha causa e nada mais. Sinto muito, meu pai, se a vida não ofereceu a você tudo o que realmente merecia. Quero que saiba, antes que eu saia desta casa, que aconteça o que acontecer, não estarei contra você em momento algum e também não o recriminarei se um dia mais tarde você encontrar outra pessoa que consiga fazê-lo feliz pelo resto de sua vida.

    Gustavo não tinha percebido que seus sentimentos por Clara estavam tão expostos; seria melhor não tocar mais naquele assunto, principalmente por ser um dia tão feliz.

Abraçando Viviane, não conseguiu segurar algumas lágrimas que rolaram de seus olhos. Talvez em todo o tempo que criou e educou sua filha nunca tivesse se sentido tão perto dela como agora. Ficava feliz ao saber que ela o entendia muito além de suas expectativas.

Já estavam todos na igreja, quando Gustavo entrou com Viviane e, passo a passo, bem devagar, ele procurava segurar o máximo possível aquele momento em que Viviane era para ele ainda uma rosa a desabrochar.

Débora evitou o tempo todo olhar para Clara, pois não conseguiria esconder o que tinha em seu coração. Já Clara fixava-lhe o olhar de uma determinada maneira, como se a condenasse por tudo o que estava acontecendo na vida dela naquele dia.

Clara por vezes sorria, pois sabia que ainda teria tempo suficiente para tentar desmanchar não mais o namoro, mas agora, o casamento da filha.

Foi uma festa maravilhosa; todos estavam felizes. Ainda naquela noite, o casal viajou em lua-de-mel. Não pretendiam demorar muito, pois Roberto não podia, de maneira alguma, afastar-se do hospital por muitos dias.

Depois do casamento, ainda por alguns meses tudo continuou como antes. Gustavo queria falar com Clara, mas não encontrava coragem sempre que chegava perto dela. Sabia que se assumisse Débora, teria de sair dali e ir para bem longe ou sua vida seria um inferno.

Durante esse tempo, Débora havia recebido uma proposta para trabalhar em uma Casa de Caridade que havia sido aberta em Ribeirão Preto.

Quando recebeu a correspondência, viu que a solicitação era para um casal. Débora não tinha muito tempo para resolver se iria ou não; teria apenas um mês para dar a resposta.

Naquela tarde, quando Gustavo chegou em seu apartamento, Débora contou para ele a proposta que havia recebido. Disse também que na última viagem para a casa de tia Aldinéia haviam pedido para que ambos abrissem uma Casa de Caridade e trabalhassem juntos.

Sem saber o que responder, Gustavo abaixou a cabeça, apreensivo, e disse:

— Mas não tenho como sair agora sem passar meu cargo na empresa para alguém!

Débora sabia que no fundo ele se preocupava com Clara, pois não sentia firmeza em seu caráter e temia que a deixando sozinha ela pudesse extrapolar em quase tudo.

Também ela tinha preocupação com Clara, mesmo porque sempre a conheceu bem. Sabia que se Gustavo a deixasse, talvez ela chegasse a adoecer, mas Débora não via outra maneira; tinha de resolver sua vida e, como a haviam orientado, estava na hora de pensar um pouco mais em si. Por isso, deu um ultimato a Gustavo: teria uma semana para resolver tudo, caso quisesse continuar com ela.

Daquele dia em diante, Gustavo por vezes ficava em dúvida; sabia que amava Débora, mas como homem responsável, decente e honesto não via com bons olhos a sua saída da casa. Tentou ainda por dois dias trabalhar aquela idéia em sua cabeça; no terceiro dia tomou a decisão. Antes de comunicar a Débora, ligou para ela pedindo que se possível convidasse Juliana e também seus outros amigos para fazerem uma reunião espiritual ainda naquele dia. Gustavo sabia que seria difícil reunir todos daquela forma, mas se a reunião se realizasse naquela noite, certamente nada daria errado.

Já eram quase sete horas da noite quando Gustavo chegou ao apartamento de Débora. Passara o dia inteiro pedindo para que seus mentores espirituais pudessem auxiliá-lo a tomar melhor decisão para todos.Tinha em mente que daria prioridade ao que fosse decidido naquela reunião. Juliana estava preparando a mesa, e Débora chegou com um vaso com rosas brancas e uma jarra de água filtrada e colocou no centro da mesa. Algumas pessoas já estavam em meditação, outras ainda conversavam baixinho próximo à porta de entrada para não atrapalhar aqueles que já estavam em prece. Gustavo cumprimentou a todos e sentou-se também.

Em nenhum momento havia dito a alguém o motivo daquela reunião.

Pouco tempo depois, Débora iniciava a abertura dos trabalhos daquela noite. O tempo todo Gustavo firmava o pensamento, procurando obter respostas para suas perguntas, com muita fé e também esperando, que independentemente de qual fosse a resposta, Deus lhe ajudasse a dar continuidade em sua vida sem magoar ninguém.

Após ter sido feita a abertura, foi dada a permissão aos mentores espirituais para se pronunciarem. Em cada palavra dada naquela noite parecia estar embutida uma parte das respostas para suas perguntas.

Já estavam quase encerrando a sessão, quando Juliana deu passagem a outro espírito de luz. Débora levantou-se, colocou-se atrás da médium Juliana e falou:

— Todos agradecemos pela sua presença. Gostaríamos também que desse sua palavra. Sinto que é um espírito esclarecido e que muito nos auxiliará, expondo seus pensamentos nos trabalhos de hoje.

O silêncio tomou conta daquele lugar. Em seguida o espírito se pronunciou:

"Boa noite. Nesta noite me é dada a oportunidade de pela primeira vez participar dos trabalhos na casa de nossa irmã Débora. Já há muito tempo, nós do plano espiritual acompanhamos o trabalho feito por vocês, sempre que possível.

Hoje foi-me concedida a oportunidade de passar algumas orientações a Gustavo, a quem tive durante outras encarnações como filho muito querido.

Sabemos da incerteza que tumultua seu coração, sabemos do medo que apavora sua alma em fazer algo que possa prejudicar a pessoa a quem prometeu em Terra conviver por todos os dias de sua vida.

Filho querido, tem hoje quase tudo em suas mãos; é nosso dever fazer com que perceba que cada irmão quando encarnado passa sempre por tristezas, angústias e sofrimentos. Enquanto vivemos na Terra, é necessário um grande esclarecimento espiritual e também conhecimento, para que saibamos lidar e aceitar tudo o que nos é encaminhado por Nosso Pai, conforme a evolução espiritual de cada um de nós.

Já em encarnações passadas, não ficou com a pessoa que lhe foi designada, em decorrência da falta de sensibilidade e até mesmo esclarecimento por parte desse espírito que hoje você tem como sua mulher; que sempre procurou interferir no rumo dos acontecimentos, mesmo que suas atitudes apenas servissem para colocá-la exatamente em posição oposta à que havia estabelecido para ela antes de sua encarnação.

Mais uma vez foi oferecida a ela a oportunidade para trabalhar melhor seu lado espiritual. Esse espírito há muito se conduz sem nada conseguir construir, o que acaba por deixá-la várias vezes entregue ao negativismo que constantemente assedia os seus pensamentos e também suas atitudes.

Antes que encarnasse novamente, filho querido, escolheu vir como seu marido para tentar ajudar e dar sustentação àquele espírito que a cada nova encarnação não consegue estabelecer nada de bom ou de proveitoso para suavizar sua caminhada.

 Antes de seu retorno à carne, propunha-se a fazer tudo de uma maneira que pudesse tirar proveito, desta escola de ensinamentos que é a encarnação aqui no planeta Terra. Quando achamos que tudo caminha bem, sempre acontece o pior. Nossa irmã Clara, sozinha, não consegue ainda ter força para poder crescer e adquirir aprendizados que a levariam certamente após seu desencarne a um plano espiritual muito melhor. Deverá tomar uma decisão em breve, podemos ajudá-lo, mas para isso temos de alertá-lo, de que já é hora de usufruir da companhia daquela que já há muito tempo se encontra unida a você pelos laços do amor. Durante outras encarnações, por mais que tentasse, não conseguiu viver a seu lado, por interferência de Clara, que tudo fazia para separá-los. Pense muito bem e veja se realmente se faz necessário jogar fora a sua felicidade, para em troca ajudar caridosamente e sem pretensões alguém que sempre interferiu em sua felicidade. Veja que está na hora de esse espírito escolher seu livre-arbítrio sem interferência de nada e de ninguém.

 Bem, nada mais me é permitido falar. Tudo agora depende somente de você; sinta-se livre para tomar a decisão que mais agradar seu coração.

 Estaremos constantemente com bons fluidos irradiando muita luz para que não se desvie de seus objetivos.

 Haverá um dia em que Nosso Pai Jesus o acolherá em seus braços, não para secar suas lágrimas de arrependimento por não ter conseguido alcançar a meta preestabelecida para sua jornada, mas para gratificá-lo, dentro de suas benevolências, fazendo de seu espírito mais um iluminado, ou seja, um soldado de seu Exército do bem e do Amor Universal.

 Boa Noite a todos, e que graças e bênçãos de Nosso Mestre Jesus se derramem sobre todos vocês agora e sempre. Fiquem na paz d'Aquele que derramou o Seu sangue para tornar o mundo um pouco melhor".

 Mesmo sem se haver identificado, Gustavo sentia que aquelas palavras foram dirigidas a ele por meio do espírito de sua querida mãe. Não conseguiu conter as lágrimas que lavavam sua face de imensa alegria e felicidade.

Após o encerramento do trabalho, todos saíram; apenas Gustavo e Débora permaneceram ainda juntos, agora de uma forma que não sentiam revolta ou remorso, conseguindo assim viver incansavelmente mais uma noite de amor.

Gustavo havia ligado para sua casa explicando a Clara que deveria ainda naquela tarde viajar, a serviço da empresa, e que voltaria em poucos dias. Clara nada mais podia fazer; tudo estava cada dia mais fora de seu controle.

Nesses dias, podendo conversar com mais tranqüilidade, tanto Débora quanto Gustavo resolveram que nada mais os separaria. Sabiam, porém, que muito tempo já havia sido perdido.

Apenas se arrependiam por não terem tido antes a coragem necessária e as explicações que hoje faziam com que ambos pudessem assumir de vez seu grande amor.

Já não eram jovens, mas tinham hoje uma certeza: a de que para viver um grande amor não existe um momento especial. Deus nos oferece toda uma eternidade para que possamos chegar ao encontro das nossas próprias necessidades e com isso obter uma evolução consciente e madura, que nos assegurará plenamente para o resto de nossos dias, oferecendo-nos uma sustentação básica e constante, por todos aqueles que nos amam e nos cercam invisivelmente no plano espiritual.

Muitos são os espíritos que quase sempre não vemos e nunca nos lembramos, mas que sempre lutam a nosso favor, ajudando-nos a passar sem problemas pela porta estreita, que levará a todos nós rumo ao caminho do Amor Universal.

Naquela semana ainda, Gustavo resolveu falar abertamente com Clara sobre o que pretendia fazer. Sabia que certamente teria problemas, mas teria de enfrentá-los.

Sabendo agora que não estaria sozinho, adquirira mais forças para lutar. Apenas sentia ferir ou magoar Roberto e Viviane, mas nada mais podia fazer; já havia tomado a sua decisão.

Clara, assim que soube da verdade, ficou enlouquecida perante tudo o que se colocava à sua frente já consumado, sem dar a ela tempo para pelo menos tentar destruir.

Clara ficou com muita raiva, ódio e rancor. Sentia-se traída duplamente, uma por seu esposo a quem sempre amou, outra por Débora que sempre se disse sua amiga.

Esse motivo foi o suficiente para que Clara, sem forças para reagir, se entregasse à bebida como nunca. Naquela noite, Gustavo teve de levá-la mais uma vez carregada para o quarto. Assim que a colocou na cama, ela já quase desmaiada, ele ajoelhando-se, com seu pensamento elevado ao céu, pediu por aquele espírito que ainda se encontrava perdido diante das armadilhas da vida.

Aproveitando o estado em que Clara se encontrava, pegou todas as suas roupas e pertences, chamou dois de seus empregados e colocou a bagagem em seu carro. Em seguida, avisou a todos que estava deixando sua casa, mas que não se preocupassem quanto aos seus empregos, pois tudo estava sob controle e em breve as coisas se acertariam.

Pegou seu carro e dirigiu-se ao prédio onde morava Débora. Lá chegando, pediu para que o ajudassem a levar suas coisas para o apartamento e subiu rapidamente ao encontro daquela com quem estaria pronto a dividir ainda com muito amor e felicidade o restante de vida que ainda teria pela frente.

Débora, assim que abriu a porta, não se conteve ao ver Gustavo e chorou de felicidade. Naquele momento, sentiu ter conseguido tudo pelo que sempre lutou, procurou esquecer todos os problemas que ainda teriam de enfrentar e pelo resto daquele dia amaram-se mais e mais...

Roberto e Viviane já estavam morando em seu apartamento havia alguns meses. Estavam felizes como nunca e o tempo em que Viviane estava longe de sua mãe foi o suficiente para que ela mudasse para melhor. Tomava conta de sua casa, enquanto Roberto trabalhava, cuidava de seus afazeres domésticos com muito prazer e amor. Roberto não tinha do que reclamar. Cada dia mais a felicidade de ambos era mais completa e constante.

Gustavo, no dia seguinte, foi para o serviço como de costume. Lá chegando, deu andamento em tudo, com prioridade às coisas mais importantes. Depois do almoço, pediu para que sua secretária tomasse conta de tudo pois teria de se afastar durante aquela tarde e não sabia se iria voltar ainda naquele dia.

Após ter feito tudo, pegou seu carro e foi para a casa de Viviane. Chegando lá, ficou surpreso com o carinho e a dedicação que a filha tinha com sua casa. Sentiu-se muito bem lá dentro. Em todo o ambiente percebiam-se fluidos e irradiações benéficas que pairavam por todo o local.

Viviane pediu para que o pai ficasse para jantar com Roberto. Sabia que o marido não demoraria para chegar. Gustavo sabia que de nada adiantaria adiar aquela conversa. Sentindo a necessidade de comunicar todo o acontecido, acabou ficando.

Já eram quase seis horas da tarde quando Roberto chegou em casa. Ficou muito feliz ao ver Gustavo, que o esperava sentado lendo uma revista em sua sala de estar. Abraçou-o e disse:

— Que bons ventos o trazem? Até que enfim...

Gustavo sabia que a conversa não seria muito agradável. Mesmo assim, respondeu:

— Bem, desculpe por chegar sem avisar, mas precisava falar com você.

Roberto, percebendo muita preocupação no rosto e nos olhos de Gustavo, disse:

— Bem, posso ajudá-lo de alguma maneira?

— Bem, quem sabe!

Roberto pegou um aperitivo para ambos, tentando de fazer com que Gustavo descontraísse um pouco. Em seguida, perguntou:

— Aconteceu alguma coisa em sua casa?

— Bem, não queria que Viviane soubesse de nada antes falar com você. Vamos aproveitar enquanto ela prepara o jantar, para conversarmos um pouco, tudo bem?

Roberto não entendia o que poderia estar atormentando Gustavo. Tentando ajudá-lo de alguma forma, respondeu:

— Por mim, tudo bem!

— Roberto, sempre procurei ajudar sua mãe em tudo, de início devo admitir que Clara exigia que assim eu fizesse; depois de um determinado tempo, com Débora já morando em nossa casa, afeiçoei-me muito a você e também aprendi a conhecê-la e a admirá-la muito mais. Por causa das suas atitudes em relação a tudo e também por seu esforço em sempre manter seu trabalho de uma forma que nunca ninguém tivesse motivo de chamar sua atenção ou mesmo criticá-la por algum esquecimento seu. Desde que você era pequeno sempre nos demos muito bem, você sabe disso. Talvez o destino o tenha colocado em meu caminho para suprir algo que sempre quis e que nunca pude realizar. Esperei um bom tempo de minha vida para ser pai; sempre quis ter um filho como você, por isso sempre procurei ajudar sua mãe no direcionamento e até mesmo no que se tratava de sua educação, orientando-a a colocá-lo em bons colégios e por último ajudando-a a mantê-lo na faculdade, mesmo sem ninguém saber. Enfim, Roberto, espero que de hoje em diante Deus faça com que você ainda possa manter a imagem que sempre fez de mim, pois ficaria muito triste se tivesse de cortar relacionamento com você, a quem sempre admirei. Sempre o tive como filho, mesmo sem ser seu pai.

— Mas pelo amor de Deus, Gustavo, fale. Está me deixando muito preocupado!

— Bem, o que estou querendo dizer é que há muito tempo, desde que Clara sofreu aquele acidente, nunca mais senti por ela o mesmo amor, ou melhor, a mesma paixão, pois certamente se fosse amor não teria terminado. Após o acidente, já estamos a cada dia mais separados e agora as coisas chegaram a tal ponto que não consigo mais esconder de mim mesmo que não quero e não desejo mais viver com Clara.

Roberto sentia em suas palavras muita seriedade. Não sabia na verdade o que dizer; notava que ele não era o mesmo para Clara já há muito tempo, apenas não sabia que o caso era tão grave assim, pois achava que com o tempo as coisas terminariam por se acertar e tudo seguiria normalmente o ritmo da vida e nada mais.

Nesse instante, Gustavo tomava um gole de conhaque, tentando ganhar tempo, para saber como começar:

— Bem, Roberto, não é apenas isso que me traz aqui; tenho ainda muito para falar.

Roberto continuou esperando. Seus olhos não acreditavam no que seus ouvidos ouviam, ainda mais vindo de quem sempre aprendeu desde pequeno a admirar e respeitar.

Sempre percebeu nos olhos de Gustavo tristeza, angústia e ansiedade, mas nunca havia entrado em detalhes sobre certos acontecimentos.

Gustavo continuou:

— Há muito tempo, na época em que Clara ainda estava em uma cadeira de rodas, você pequenino, fez despertar em meu coração um verdadeiro amor, ao colocar minha mão sobre a mão de sua mãe em um ato de muito amor e carinho. Daquele momento em diante, passei a olhá-la com outros olhos e a admirá-la ainda mais. Como Débora sempre fora a melhor amiga de Clara, foi mais difícil para nós dois assumirmos aquele sentimento que tomava conta dos nossos corações. O tempo passou, Clara se curou fisicamente, mas não teve como reconquistar meu coração, pois era tanto amor que sentia por sua mãe, que não tinha espaço para receber mais nada. Apenas o que me voltava para Clara eram as obrigações, tanto da parte financeira como as conjugais que eu sempre me via obrigado a manter, a fim de que ela não viesse a desconfiar de nada.

Nesse instante, Roberto levantou e disse:

— Não estou acreditando no que estou ouvindo. Gustavo, você percebeu a importância do que está me dizendo? Não sei como dizer isso a Viviane, pois não se esqueça que Clara de uma determinada forma é sua mãe. Certamente isso atrapalhará nosso relacionamento.

Gustavo, pálido, deu continuidade a tudo o que se havia proposto a falar:

— Bem, Roberto, não é só isso. Ontem falei com Clara a respeito de tudo. Ela já esta sabendo da verdade, mesmo porque eu e Débora pretendemos ficar juntos para sempre. Nossa idéia é morar bem longe daqui, pois será melhor para todos nós.

Nesse momento, Roberto falou:

— Bem, parece-me que você já está preparado para tudo, já não precisa de ajuda, não está dividindo seu problema, mas sim comunicando; afinal o que você quer de mim?

Gustavo, não se deixando levar pelo nervosismo de Roberto, respondeu:

— Bem, estou com um grande problema. Como sempre fui uma pessoa honesta, decente e responsável, sabe que a herança de Clara cresceu visivelmente em razão de meu trabalho e minha direção à frente de tudo em suas empresas. Sei que se deixar tudo nas mãos de Clara ela colocará rapidamente um fim em algo pelo qual lutei durante muitos e muitos anos. Pensei na possibilidade de você deixar de clinicar e assumir a empresa, tentando fazer crescer ainda mais toda a herança, que um dia certamente será de vocês dois.

— Nem pensar, Gustavo, ficou louco? Clinicar sempre foi a minha paixão desde pequeno. Sei que não ganho muito, mas tenho pelo menos certeza de que faço aquilo que quero e gosto. Nasci para auxiliar aos que mais precisam, não somente aqueles que tem condições de pagar pelo meu serviço, mas também aqueles de quem apenas recebo um "muito obrigado, doutor". Se aceitasse isso, realmente não conseguiria levar adiante tudo da maneira como você sempre levou. Perceba, você sempre fez aquilo que gostou, por isso deu certo, e dia a dia conseguiu aumentar o capital de tudo o que foi entregue em suas mãos. Tudo o que fazemos por amor é jóia preciosa, tem sempre seu valor, enquanto que quando trabalhamos apenas por obrigação ou pelo dinheiro, além de não conseguirmos ficar muito tempo fazendo a mesma coisa, no mesmo serviço, não teremos um bom rendimento mesmo a longo prazo. Sempre chegaram aos meus ouvidos casos em que tudo "foi por água abaixo", ou seja, o insucesso prevaleceu em razão da falta de interesse e amor no que se faz.

Nesse instante, Gustavo abaixou os olhos e em tom bem mais baixo disse:

— É, eu sei disso, mas não vejo outra saída para conseguir sair da vida de Clara, sem prejudicar tanto a ela como também a vocês dois.

Nesse momento, Viviane entrou na sala convidando-os para o jantar, notou o clima e assustou-se. Delicadamente, perguntou:

— Posso saber o que está acontecendo?

Gustavo abaixou os olhos e nesse momento Roberto falou:

— Não só pode como deve. Mais dia menos dia vai saber mesmo, então melhor que seja agora.

— Roberto, você está me assustando, o que aconteceu?

— Seu pai, Viviane, está preste a deixar Clara e ir embora.

Viviane sentiu suas pernas amolecerem e sentou-se.

Roberto, percebendo, continuou:

— Como se não bastasse, já arrumou uma outra pessoa para viver.

Viviane sentindo a opressão do pai, disse:

— Eu já havia dito a ele que contasse comigo, caso isso acontecesse. Sinto muito Clara ficar sozinha. Quem sabe depois de algum tempo ela muda ou mesmo alguém a faça mudar?

Roberto ouviu Viviane e, em seguida, abaixando a cabeça falou de uma só vez:

— Não teria problema nenhum, tudo seria até mesmo normal se essa outra mulher não fosse minha mãe.

Viviane sentiu sua vista embaralhar, ficou atordoada, não esperava por isso nunca, nem mesmo tinha entendido bem; soube de tudo tão rapidamente que não tivera tempo para trabalhar tudo em sua cabeça.

Gustavo e Roberto levantaram-se rapidamente. Segurando-a, ofereceram a ela um copo de água com açúcar e aos poucos a cor voltava ao seu rosto.

Era um silêncio total na sala, ninguém queria falar primeiro. Gustavo achou melhor sair e ir embora. Despediu-se, desculpando-se por ter estragado seu primeiro jantar na casa da filha. Pediu para que Roberto ou ela fosse procurá-lo ainda naquela semana para conversar.

Gustavo sabia que não teria muito tempo Tinha de deixar tudo em ordem para poder assumir outras responsabilidades.

Clara, depois daquele dia ficou ainda mais insuportável e raivosa. Descontava em todos, como se todos tivessem ajudado Gustavo em sua traição.

Ainda bem que seus empregados já a conheciam há muitos anos. Sabiam do problema que ela enfrentava naquele momento e procuravam ignorar suas palavras ríspidas, seus xingamentos e suas reclamações que vinham durante grande parte do dia.

Depois de três dias, o advogado de Gustavo foi à procura de Clara, pedindo para que ela assinasse alguns papéis que a colocavam a par de como Gustavo estava entregando as empresas, para que mais dia menos dia ela não se voltasse contra ele e o acusasse de algo que ele não merecia.

Era tamanha a irresponsabilidade de Clara que ela nem se preocupou em saber mais nada, apenas assinou e pronto.

Dois dias depois, Viviane foi logo cedo foi à procura do pai. Ainda não tinha aceitado muito bem tudo o que estava acontecendo. De sua parte procurava não atrapalhar; tentava, ao contrário, dar melhor equilíbrio àquela situação.

Seu pai a recebeu com muita alegria. Não era comum Viviane ir visitá-lo em seu escritório. Mesmo tendo estudado e se formado em Advocacia, nunca se mostrou interessada nos trabalhos que suas empresas realizavam. Assim que chegou, beijou seu pai e em seguida disse:

— Gustavo, conversei com Roberto e chegamos a um acordo. Não podemos nem devemos interferir em tudo o que está acontecendo entre vocês três. Você deve fazer de sua vida aquilo que realmente o agrade; sei também que está com problemas para passar a empresa para as mãos de uma pessoa de confiança, por isso estou aqui. Sei que sou filha adotiva, por isso espero que você não me julgue mal. Se hoje ofereço ajuda, é apenas para tentar auxiliar vocês dois nesse momento difícil pelo qual passam, assim você ficará mais tranqüilo. Acho que se me aceitaram com amor pela adoção, nada mais justo do que eu ajudá-los a cuidar daquilo que sei que um dia poderá vir a ser meu. Não tenho nenhuma experiência, mas sei também que se tiver paciência para me ensinar, rapidamente aprenderei.

Gustavo sentiu um aperto dentro de seu coração. Ficaria muito feliz em passar para as mãos de Viviane tudo o que realmente um dia seria seu.

Sentia que ela era a pessoa certa. Combinaram que nos seguintes dias ela iria à empresa para aprender o serviço e Gustavo, por sua parte, havia se comprometido a não deixá-la, antes que ela sozinha conseguisse dar andamento e direcionamento a todas as suas empresas.

Gustavo sabia que Viviane precisaria de uma pessoa de confiança para ajudar em sua casa. Preferiu transferir uma das mulheres que trabalhavam sob seus cuidados para a casa de Viviane, para que assim ela tivesse mais tempo e tranqüilidade.

Algumas semanas se passaram. Clara, desorientada, procurava fugir de sua dor de cotovelo com bebida e com longas noitadas. Passou a convidar algumas amigas para jogar em sua casa, depois o mesmo convite estendia-se aos seus amigos, que ficavam até altas horas na casa com Clara, já sem condições nem mesmo de parar em pé algumas vezes.

O motorista da família já estava com eles há muitos anos e com a saída de Débora da casa que construíram ao lado, mudou-se para lá com sua família.

Sentia muita pena ao ver Clara, entregando-se daquela maneira à bebida, mas nada podia fazer. Por piedade, diversas vezes esperava até o término das jogatinas e, mesmo com Clara brigando, colocava-a em sua cama para dormir.

Não foram poucas as vezes, em que ela, sem saber o que dizia, confundia-o, chamando-o de Gustavo. Pedia para que ele ficasse para dormir com ela, por várias vezes ele esperava ela adormecer e saía.

Rodrigo já havia falado com Gustavo sobre sua patroa, mas infelizmente ele nada podia fazer, já que a escolha era dela.

Viviane, sempre que podia, ia visitar sua mãe, mas durante o dia Clara esforçava-se tentando mostrar-se outra pessoa, fato que não deixava Viviane tão preocupada.

Depois de algum tempo, Viviane já havia aprendido com Gustavo a dirigir as empresas. Sabia que poderia contar muito com a ajuda de sua secretária, que sempre fora tão fiel ao seu pai. Tinha ainda alguma dificuldade, mas nada que o próprio tempo não a ensinasse a resolver.

Viviane procurava não condenar seu pai pelos acontecimentos e procurava não visitar Débora, pois sabia que a qualquer instante não resistiria e acabaria tocando no assunto sem saber ao certo como seria sua reação perante a sogra. Quando percebeu que Viviane estava indo muito bem no comando de tudo, Gustavo conversou com Débora e marcaram de ir embora para Ribeirão Preto na semana seguinte.

Os dias se passaram rapidamente. Débora procurou ficar mais próxima de Juliana, pois sabia que depois que fosse para o interior, seria difícil tanto para ela quanto para Juliana estarem sempre juntas.

Juliana esperava que caso tudo corresse bem para Débora e Gustavo, quem sabe conseguiriam convencer seu marido de também se mudarem para lá.

Débora, na verdade, sempre foi uma segunda mãe para Juliana. Era difícil ter de aceitar a distância de Débora e, ao mesmo tempo, sentia que dentro de seu trabalho espiritual teria dificuldade para levar adiante tudo o que juntas haviam conseguido.

Com o passar dos dias, na data marcada, Gustavo e Débora mudaram-se. Quando chegaram a Ribeirão Preto, Plínio já esperava pelos dois, próximo à rodoviária.

Na hora marcada, Gustavo chegou à rodoviária. Como não conhecia Plínio, havia deixado a chapa de seu automóvel com ele para que conseguisse melhor identificar-se.

Não demorou muito para que Plínio chegasse próximo ao carro dando boas-vindas aos dois. Convidou-os para um café e em seguida foram para casa a de Plínio.

Quando chegaram, Estela, esposa de Plínio, já esperava ansiosa para conhecer o casal que os ajudaria a tomar conta da nova Casa de Caridade que já havia sido terminada meses antes, mas não havia ainda sido inaugurada.

Almoçaram, em seguida foram os quatro visitar as novas instalações. Quando Débora chegou, sentiu um perfume acentuado no ar, o que a fez lembrar do perfume usado por sua mãe enquanto vivia. Sabia e sentia que ela encontrava-se ali para certamente lhe dar as boas-vindas por não ter falhado em seu compromisso de trabalho.

Em poucos meses, Gustavo e Débora já estavam instalados em uma casa próxima ao centro, já com tudo em ordem para o primeiro trabalho que deveria ser feito na data solicitada pelo mentor de Plínio.

Logo no primeiro dia, verificaram que a casa estava cheia, o que alegrou muito a todos os que se dedicaram para a concretização daquele ideal.

Na noite da inauguração, esperavam por muitos amigos e conhecidos, mas ficaram radiantes quando tia Aldinéia e sua prima chegaram para participar do primeiro trabalho da Casa Espiritual. Quando enviaram os convites, pensaram que tia Aldinéia apenas ligaria para agradecer; nunca imaginavam que poderiam contar com a presença de ambas justo no primeiro trabalho.

Eram quase sete horas da noite, quando a assistência já terminava de se instalar em seus lugares. À mesa, qual não foi a surpresa de Gustavo quando Plínio cedeu o lugar da direção para ele.

De início, Gustavo não quis aceitar, mas em seguida foi avisado por Plínio que aquela Casa deveria ser levada sob sua direção e a de Débora. Sabiam que a parte deles já haviam feito, agora apenas auxiliariam nos trabalhos e nada mais.

Um pouco receoso em não conseguir atender a contento as expectativas de todos, deu início aos trabalhos daquela noite:

"Boa noite, queridos irmãos, estamos nesta noite todos unidos em um só pensamento de alegria e satisfação, por termos conseguido erguer mais um degrau da escada que leva cada um de nós, seres humanos, a poder, mediante constância e determinação, obter mais aprendizados, que certamente trarão a cada um de nós mais firmeza e um equilíbrio cada vez maior..."

Após algumas preces, os esclarecimentos espirituais foram iniciados, para todos os espíritos que naquela noite tiveram a oportunidade de receber, também para dar a abertura a todos os espíritos de luz e mentores espirituais, para aumentar ainda mais o discernimento de todos perante tudo o que dia a dia a vida possa trazer.

Naquela noite, a mãe de Débora fez o uso da palavra por intermédio da médium Estela:

"Que Jesus abençoe e ilumine cada vez mais o caminho para o retorno de cada um de vós.

Aqui estamos hoje reunidos mais uma vez, graças à bondade que Nosso Pai oferece sempre a cada um de nós, dando-nos incansavelmente oportunidades múltiplas para que possamos, mesmo fora do corpo carnal, interagir com todos aqueles que nos foram espíritos afins em muitas outras encarnações.

Hoje estamos imensamente felizes por nossa irmã Débora, minha filha em encarnação passada, e nosso irmão Gustavo, a quem sempre procuramos auxiliar durante sua caminhada. Eles estão juntos definitivamente graças à bondade de nosso Pai Jesus, que sempre dá a cada filho o recebimento, conforme o seu merecimento; a oportunidade para ser realmente feliz.

Filha querida, hoje sabemos que o pior já passou; daqui para a frente cada vez mais estaremos em sua vigilância não mais para auxiliá-la, mas para fortalecê-la e também ao seu companheiro, para que possam de uma vez por todas levar adiante tudo o que foi determinado com muito carinho e esmero da parte de vocês dois.

Ainda passará por muitos momentos difíceis, mas na graça d'Aquele que não nos deixa nunca e está sempre a nos fortalecer, conseguirá vencer ainda uma vez mais.

Gustavo, irmão querido, que bom podermos sentir a leveza de seu coração e o bom equilíbrio de sua alma.

Alguns problemas ainda poderão perturbá-lo, mas tenha certeza de que quando tudo acontecer poderá contar com todos nós para ajudá-lo naquilo que nos for permitido dentro da vontade de Nosso Pai.

Bem, por hoje não temos permissão para passar nada mais. Estaremos sempre com a ajuda dos dirigentes espirituais desta casa, trabalhando em prol daqueles que muito necessitam, para poder chegar ao seu retorno em nossos planos com uma bagagem e um aprendizado muito maior. Que Jesus abençoe a todos vocês e até breve, conforme for a vontade do Nosso Pai."

Naquele instante, lágrimas brotaram dos olhos de Débora, pois ela sabia muito bem que, mesmo sendo criticada ou deturpada em alguns momentos, havia tomado a atitude correta em relação a tudo.

No decorrer do trabalho, tudo correu bem. Quando terminou, tia Aldinéia veio ao encontro de Débora, abraçou-a e desejou-lhe que apesar de tudo fosse muito feliz.

Cristina nada disse; apenas abraçou a prima e não conseguiu segurar as lágrimas que rolavam em sua face e a alegria de dentro de seu coração. Débora, não podendo agüentar tanta curiosidade, perguntou para Cristina sobre Bruno. Qual não foi sua alegria ao saber que já estavam namorando há um bom tempo. Daí, sim, a alegria foi total.

Naquela mesma noite, na casa de Clara tudo estava muito pior do que sempre foi: a jogatina estava alta, homens e mulheres, tomados pelo vício do álcool se entregavam cada vez mais às forças negativas.

Rodrigo não sabia mais o que fazer, pois, apesar de querer o melhor para sua patroa, sentia não ter como se colocar com mais severidade a respeito daquilo que realmente deveria ser mudado.

Esperava que Deus viesse em auxílio daquele espírito que já há muito havia perdido totalmente a direção daquilo que veio para executar nessa encarnação.

Sempre foi um bom médium, embora nunca tivesse contado para ninguém. Preferia ser sigiloso quanto às suas crenças e devoções, pois sabia que ali ninguém realmente o ajudaria em nada; talvez até o criticassem por isso. Esse era o motivo de nada ter dito anteriormente.

Todas as vezes que chegava tarde da noite na casa de Clara para se certificar que tudo realmente estava em ordem e a encontrava deitada, como se desmaiada de tanta bebida, sentia arrepios e tinha sempre, antes de tocá-la, que se proteger por intermédio de orações. Procurava cercar seu espírito de tudo o que estava rondando por ali.

Os que se diziam amigos dela apenas iam até a sua casa para comer, beber, jogar, e às vezes até usufruir do belo corpo que Clara ainda conservava, apesar de sua idade.

Era mais uma noite que Rodrigo a colocava em seu leito, orando e pedindo para que seu anjo guardião não a deixasse, que a protegesse de tudo e de todos. Depois sempre saía com esperança de que Clara um dia aprendesse pelo menos a viver de uma maneira melhor.

Viviane passou a assumir seu trabalho nas empresas de maneira brilhante. Passou a ter uma cabeça mais aberta para o aprendizado, realizações satisfatórias no que se referia aos acertos e execuções de projetos, olhava sempre muito longe e isso dava a ela uma noção e margem de acerto quase total dentre tudo aquilo que sempre tinha de resolver.

Sua vida com Roberto estava muito bem. Ele se dedicando cada dia mais paralelamente ao seu trabalho, na ajuda gratuita aos mais necessitados, o que lhe dava mais força, coragem e determinação.

Apesar de nunca ter seguido a Doutrina Espírita, uma conduta exemplar e nunca proferia palavras de baixo calão. Procurava nunca magoar ninguém, e quando não tinha condições de ajudar, sempre encaminhava para um outro profissional. Sempre que podia acompanhava o caso, para ter a certeza de que o paciente não foi abandonado antes de ter solucionado seu problema.

Quando voltava para casa, ainda esperava um pouco para que Viviane chegasse, depois subia para se banhar e relaxar as tensões que o trabalho diário dentro da clínica lhe trazia.

Naquela noite quando Viviane chegou, Roberto estranhou seu semblante. Parecia tristonha, mas nada falou. Foi ao seu encontro e quando foi beijá-la, ela simplesmente afastou o rosto e sem parar continuou caminhando para seu quarto, dizendo que estava cansada e que queria tomar um banho. Depois falariam...

Era de se estranhar que Viviane tivesse esse tipo de comportamento, pois, desde que começou a trabalhar dentro das empresas do pai, parecia estar muito mais feliz e realizada. O que teria acontecido naquele dia que a fez comportar-se daquela maneira? Essa era a pergunta que Roberto se fazia e por mais que tentasse não encontrava respostas.

Chateado, sentou no sofá, pegou uma revista para folhear enquanto Viviane não descia.

Ainda demorou um pouco para que Viviane descesse, mas não conseguia esconder de Roberto os olhos vermelhos e tristes.

Roberto, então, se aproximou e disse:

— Quer conversar um pouco antes de jantarmos?

Viviane, procurando esconder seus sentimentos para não magoá-lo respondeu:

— Acho que de nada adiantaria, ao contrário, creio que apenas iria piorar.

Roberto não entendeu a princípio o que traziam em verdade aquelas palavras, mas respeitando a privacidade de sentimentos dela, apenas abaixou a cabeça, pegou em suas mãos e a levou para jantar.

Durante o jantar, não conversaram a respeito do que havia acontecido; aliás, quase não trocaram palavra nenhuma.

À noite, por mais que tentasse, Roberto não conseguia dormir. Percebeu que Viviane também não havia dormido. Sentou-se então à beira de sua cama e perguntou a Viviane o que estava acontecendo. Como resposta, Viviane se levantou e disse:

— Espere, vou preparar um chá para nós dois e em seguida conversaremos.

Enquanto Viviane não subia, o coração de Roberto ficou apertado. O que estaria acontecendo?

Nesse instante, Viviane entrou no quarto, ofereceu-lhe uma xícara de chá e disse:

— Pois bem. Se é isso que quer, vamos conversar. Hoje à tarde recebi uma visita do sr. Rodrigo em meu escritório, motorista de nossa família, dizendo que minha mãe não está nada bem, e não sei o que posso fazer para ajudá-la.

Roberto, abaixando a cabeça, falou:

— Mas o que está acontecendo? Ela está doente?

Viviane, envergonhada de ter de falar para ele a respeito daquilo que sempre procurou esconder, disse:

— Não, já há algum tempo estou sabendo que minha mãe, quase todas as noites, está recebendo visitas indesejadas, joga até tarde da noite, fazendo uso de bebidas alcoólicas que terminam sempre por levá-la, não fosse por Rodrigo, à profunda embriaguez.

Quanto mais ela falava, mais Roberto ficava espantado, pois sabia que Clara realmente tinha um gênio terrível, mas durante todo o tempo que viveu na casa dela nunca havia percebido que Clara fazia uso de bebidas alcoólicas. Abaixou a cabeça e por um segundo veio à sua mente o motivo de tudo ter chegado onde chegou.

Percebeu que a separação e o fato de Gustavo ter ido embora com sua mãe, tinha sido demais para ela. Dentro de um equilíbrio que realmente nunca teve, Clara não soube trabalhar a rejeição e nem mesmo o orgulho.

Já com lágrimas nos olhos, não sabia nem mesmo o que falar para Viviane. Temia que pudesse ofendê-la ou mesmo ser ofendido, coisa que nunca tinha acontecido até então. Mesmo assim, olhou para Viviane e sentiu que ela estava à espera de alguma palavra dele, e, meio sem ter ainda uma noção exata dos acontecimentos, disse:

— E se a trouxermos para morar conosco por algum tempo?

Viviane, de início, não aceitou muito bem a idéia. Não queria precipitar-se em dizer algo que depois pudesse se arrepender. Achou melhor pedir um tempo para Roberto e pensar melhor a respeito daquela idéia. Conversaram ainda um pouco mais. Viviane, sentindo-se melhor, deitou e dormiu.

Naquela noite, Roberto não conseguiu pregar o olho nem por um segundo. Sentia que o problema tornara-se sério demais e não sabia como deveria agir.

Pensou em ligar para Gustavo para saber o que poderia fazer, mas em seguida lembrou-se que se fizesse isso sua mãe ficaria muito triste, justo agora que depois de muito esperar estavam tão felizes juntos... Não sabia mesmo o que fazer. Era só esperar e pedir para

Deus uma luz para poder levar o caso de uma maneira que ninguém viesse a sofrer.

No dia seguinte, quando Roberto acordou, Viviane já havia saído. Na cozinha, viu que sua esposa nem ao menos havia tomado o seu café da manhã e pelo visto continuava nervosa.

Tentou refletir um pouco sobre tudo o que tinha acontecido. Pouco via de saída a não ser realmente trazê-la para morar com eles.

Saiu para o hospital, mas durante o dia preferiu adiar coisas mais importantes para o dia seguinte. Não se sentia com firmeza para assumir certos compromissos, o que apenas dependia dele.

Já eram quase quatro horas da tarde, quando pela primeira vez deixou a clínica e foi para o escritório de Viviane pegá-la mais cedo. Quem sabe juntos não conseguiriam resolver melhor todo o problema.

Viviane ficou surpresa com a chegada do marido, já que Roberto não tinha por costume passar por lá.

Ele aguardou um pouco. Viviane procurou despachar todo o seu serviço do dia seguinte rapidamente com a secretária e assim que pôde pegou suas coisas e saiu com o marido.

Roberto, assim que pegou Viviane, convidou-a para ir à casa de sua mãe. Ela, temendo ver o que não desejava, de início recusou. Roberto, percebendo, insistiu dizendo que de nada adiantaria fugir daquele problema. Clara não tinha mais ninguém, agora somente os dois poderiam ajudá-la. E tudo chegara a um ponto que não dava mais para esperar.

Viviane concordou com a visita à casa de sua mãe; pediu apenas para passar antes em sua residência, tomar um banho, jantar, depois então iria até lá.

Já eram mais de nove horas da noite quando Viviane chegou com Roberto à casa de Clara. Assim que entraram, perceberam logo que Clara havia bebido o suficiente para estar mais alegre e sem o costumeiro reflexo que em seu cotidiano apresentava.

Quando Clara percebeu, eles já estavam dentro de sua casa, melhor dizendo, em sua sala. Sem saber o que dizer, convidou-os para sentar e ainda com um pouco de raciocínio lúcido, tentou esconder seu copo de bebida atrás de um dos enfeites da estante, o que não passou despercebido para ambos.

Não demorou muito para seus convidados chegarem. De início, foram quatro homens e depois duas mulheres. Viviane não conhecia nenhum deles, e tampouco fez questão de conhecê-los, pois logo à primeira vista percebeu que não eram pessoas de boa índole e muito menos de bons comportamentos.

Rodrigo, que viu a chegada do casal, ficou do lado de fora, esperando para qualquer eventualidade.

Viviane assumiu as vezes de dona-de-casa. Comunicou ela mesma àquelas pessoas que teria de conversar em particular com sua mãe a respeito de negócios e nem se preocupou muito em desculpar-se, pois sabia muito bem o tipo de pessoas com que estava lidando.

Clara, reflexiva, ajudou a fazer com que os convidados pouco a pouco fossem embora. Sem saber na verdade o que Viviane e Roberto queriam dela naquele dia e naquele horário, depois de levar o último convidado até a porta, sentou-se e esperou para saber o que Viviane queria falar-lhe.

Com palavras curtas e diretas, mas com toda educação que sempre teve, Viviane explicou para a mãe o motivo de sua visita. De início, Clara recusou-se a aceitar aquela idéia; não queria viver com aqueles dois, seria chato e angustiante demais. Roberto, vendo que teria dificuldades em conseguir levar a sogra para sua casa, tentando colocar um pouco mais de ênfase em suas palavras, disse:

— Bem, Clara, não vemos outra maneira para tentar ajudar você a não se destruir e também não destruir tudo aquilo que um dia muita falta fará a todos nós; portanto, caso você não aceite, só temos mais uma maneira de ajudar. Quem sabe se uns dias em uma clínica de descanso não faria bem a você?

Clara, julgando serem todos iguais a ela, chegou a pensar que poderiam estar querendo interná-la, para poder tomar conta de tudo o que era seu. Isso certamente não iria deixar.

Conversaram ainda algum tempo. Depois de combinarem tudo, Viviane e Roberto ficaram de passar naquele fim de semana. Iriam sem dúvida levar Clara para morar com eles por algum tempo. Seria melhor dar alguns dias a sua mãe para dar tempo de arrumar algumas roupas e pertences, para depois não ter de voltar tão cedo àquela casa com a desculpa de buscar alguma coisa.

Quando Viviane saiu, Rodrigo estava sentado no banco do lado de fora, apreensivo. Levantou-se e foi ao encontro dela para perguntar o que estava acontecendo. Nisso Roberto chegava também e conversaram ainda por quase uma hora a fim de se inteirarem daquela situação um pouco melhor.

Viviane ficou assustada, pensou até que deveria ter tomado alguma iniciativa muito antes, pois as coisas já estavam quase que totalmente fora do controle de todos. Enfim, era só esperar. Naquela noite, Clara bebeu tudo o que tinha e o que não tinha direito. Tempos após a saída do casal, Rodrigo entrou na casa como de costume e viu Clara desmaiada no chão. Com todo carinho a pegou e a levou para seu quarto, colocou-a na cama cobrindo-a e foi dormir.

Na manhã seguinte, Clara sentia muita dor de cabeça, mas isso não foi motivo para que ela deixassse de telefonar para todos e marcar em sua casa uma despedida naquela noite, dizendo que no fim de semana viajaria para longe sem data para voltar.

Eram quase dez horas da noite quando começaram a chegar seus primeiros convidados. Como sempre, tudo corria por conta dela. Tirou várias bebidas e pediu alguns salgados pelo telefone, o suficiente para comemorar aquela noite, que certamente seria inesquecível. Sabia que quando fosse para a casa da filha não teria mais contato com nenhuma daquelas pessoas, por isso queria aproveitar tudo como nunca.

Eram quase duas horas da madrugada quando Clara e seus amigos já estavam muito alcoolizados. Como aquela noite era especial, um daqueles que se dizia seu amigo ofereceu a Clara um pouco de droga, dizendo a ela que experimentasse, pois iria sentir-se muito melhor.

Como nunca havia usado aquilo, já sem um raciocínio lógico, fez uso daquela droga e poucos minutos depois adormeceu.

Ficaram até altas horas da madrugada. Eram mais de cinco horas da manhã quando foram embora.

Rodrigo, acostumado a entrar por volta das seis horas da manhã, para abrir e verificar se tudo estava em ordem, assustou-se ao ver a bagunça que haviam deixado. Subiu rapidamente e, ao entrar no quarto de Clara, percebeu que ela estava caída no chão. Mais que depressa foi ao seu encontro, mas quando chegou já era tarde demais. Clara abusou da droga que haviam lhe dado e o que tomaria em muitos dias ingeriu tudo de uma só vez, o que fez com que seu corpo não agüentasse. Acabou falecendo.

Rodrigo chamou sua mulher para cuidar do corpo e, pegando o carro da residência, saiu rapidamente para a casa de Viviane.

Quando chegou à casa dela, ainda não tinham acordado. Rodrigo apertou a campainha e demoraram ainda um pouco para atender. Quem desceu para abrir a porta foi Roberto.

Rapidamente, quando viu pelo vidro da sala Rodrigo do lado de fora, percebeu que alguma coisa estava errada. Ainda era muito cedo para ele estar ali, ainda mais que não era seu costume visitá-los em sua casa. Sempre que queria dizer algo, procurava-o no hospital. Roberto sentiu então suas pernas amolecerem. Tentando firmar-se melhor, desceu e então Rodrigo colocou-o a par do acontecido.

Mesmo não sendo sua mãe, Roberto havia sido criado por Clara e por esse motivo tinha um carinho especial por ela. Não sabia como dizer a Viviane o que havia acontecido, mas nada mais podia fazer; tudo já era fato consumado...

Rodrigo foi embora assim que deu a notícia a Roberto. Este, por sua vez, não conseguiu subir para falar com Viviane. Suas pernas amoleceram de vez, e também lhe faltava coragem de dizer a ela o que havia acontecido com sua mãe.

Esperou um pouco mais para se reequilibrar, pegou um copo de água com açúcar, tomou e levou outro para Viviane. Ao entrar no quarto, Viviane estava preocupada estranhando o horário de alguém ter ido procurá-los, mas nunca pensou que pudesse ter acontecido alguma coisa com sua mãe. Perguntou a Roberto:

— Quem estava aí embaixo?

Roberto sabia que de nada adiantaria dar muitas voltas; teria certamente de falar alguma coisa a respeito do acontecido.

— Levante-se, tome um banho, troque-se que precisamos conversar.

Viviane, assustada, disse:

— Estou ficando nervosa. O que aconteceu?

Não tendo resposta, perguntou de outra maneira:

— É alguma coisa com minha mãe? Ela foi embora?

Roberto sentiu que de início deveria confirmar o pensamento de Viviane. De certa forma realmente era o que havia acontecido.

— Sim, espero você lá embaixo para conversarmos um pouco mais a respeito de tudo.

Dizendo isso, voltou-se e nem entregou o copo com água para ela. Deixou-o sobre a cômoda, pois sabia que ainda serviria para alguma coisa.

Quando Roberto desceu, esperou ouvir o barulho do chuveiro, e assim que Viviane ligou o chuveiro, ele aproveitou para telefonar e avisar Gusavo e sua mãe a respeito do que havia acontecido.

Gustavo já estava acordado, pois não havia conseguido dormir direito aquela noite. Por mais que tentasse não conseguia tirar Clara de seus pensamentos. Estava sozinho na sala e Débora ainda dormia quando Roberto telefonou.

Quando tirou o fone do gancho e ouviu a voz de Roberto, estremeceu... Será que seus presságios estavam corretos?

Roberto teve de dizer alô por duas vezes, em seguida Gustavo respondia:

— Pois não.

Do outro lado, devagar para não assustá-lo, Roberto contou o que tinha acontecido naquela noite. Gustavo estava mudo, não sabia o que falar...

Roberto pensou até que Gustavo tivesse passado mal, mas logo Gustavo respondeu:

— O que faremos agora?

Roberto, mais acostumado a lidar com esse tipo de coisa, pois seu trabalho dentro do hospital foi um bom aprendizado para enfrentar os problemas da vida e também da morte, sentindo que Gustavo estava perdido, sugeriu:

— Bem, acho que devem vir imediatamente para cá. Viviane ainda não sabe de nada e espero que assim que contar não venha a ter problemas com ela também. Quanto mais cedo chegarem, certamente será melhor.

Gustavo não tinha mais nada para dizer. Pediu para que Roberto tivesse paciência, para contar para sua mulher, pois muito embora Viviane nunca tivesse se dado muito bem com a mãe, seria sem dúvidas uma grande perda para ela.

Dizendo isso, desligou. Enquanto Roberto pensava como falar com Viviane, ela descia as escadas apressada para saber o que havia acontecido.

Roberto pediu para que ela se sentasse e aos poucos começou a contar o que Rodrigo viera fazer em sua casa logo cedo.

Viviane parecia não estar passando por aquele momento. Nunca esperava que da noite para o dia perderia sua mãe, ainda mais daquela maneira tão trágica. Depois de calar-se para tentar entender os acontecimentos, fez várias perguntas para Roberto, das quais muitas ele não sabia lhe responder.

Após terem conversado um pouco, chorando, ambos se dirigiram para a casa de Clara.

Lá chegando, a esposa de Rodrigo já havia cuidado de quase tudo. Rodrigo também já tinha dado início a tudo o que normalmente se faz necessário nessas ocasiões.

O corpo de Clara ainda estava presente e quando Viviane chegou, correu para junto da mãe e abraçando-a chorou lembrando de sua infância; chorou por tudo o que poderia ter vivido junto dela e nunca teve a oportunidade de fazê-lo; chorou por um amor, que na realidade sua mãe nunca lhe havia dedicado inteiramente. Mas Viviane nem por isso deixou de lhe oferecer seu amor.

Roberto achou melhor afastar um pouco Viviane de perto da mãe. Teria ainda de enfrentar um outro problema, pois desde que Gustavo fora embora com sua mãe, nunca mais voltaram ao Rio de Janeiro, ou seja, desde que assumiram seu amor, Viviane não tinha ainda encontrado com Débora e nessas circunstâncias Roberto não sabia o que poderia acontecer.

Naquele momento, Rodrigo chamou Roberto para que decidisse a respeito do velório. Viviane, ouvindo tudo, pediu para que o corpo da mãe fosse velado ali mesmo, pois sabia que a mãe certamente gostaria que assim o fosse.

Já por volta do meio-dia, Gustavo chegou com Débora. Estavam cansados e preocupados, pois sabiam que a situação toda poderia a qualquer momento fugir do controle em relação a Viviane e Débora.

Viviane, ao ver seu pai, correu ao seu encontro. Não sabia se feliz por vê-lo novamente ou triste por saber que grande parte do problema teria vindo da separação dos dois. Em sua sensatez achou melhor neutralizar outros tipos de problemas mesmo porque não era a hora nem o momento de deixar ainda mais dolorosa aquela situação.

Débora abraçou Roberto e em seguida saíram para o jardim, deixando que Viviane e seu pai pudessem conversar com mais tranqüilidade. Sabia que teriam muito que falar e também para que o sentimento de ambas tivesse tempo para se reequilibrar.

Já eram quase cinco horas da tarde, após tudo ter terminado, quando Viviane convidou-os para dormir em sua casa naquela noite, pois assim teriam mais tempo para conversar. Ela sabia que de agora em diante muita coisa poderia mudar. Vendo que a situação de ambas parecia insustentável, deu alguns passos à frente e segurando a mão de Débora, disse:

— Espero que me perdoe se não me dirigi a você até agora; achei melhor assim. Gostaria que soubesse que não estou contra a sua união com papai; apenas senti por minha mãe, que mesmo não o merecendo sempre o amou verdadeiramente, talvez da única maneira que ela tenha aprendido a amar, mas quem somos nós para julgar, não é verdade? Fico contente em vê-los novamente; parecem felizes, o que mostra que pelo menos alguma coisa não se perdeu em meio a tudo. Não quero que você, Débora, fique pensando que a julguei ou a critiquei durante este tempo em que estivemos separadas. Agi dessa maneira para que pudesse ter mais liberdade para resolver tudo com mais facilidade. Espero que tanto você quanto meu pai consigam manter o amor, a paz e a tranqüilidade tão almejada.

Naquele instante, Débora não conseguiu esperar mais. Dando-lhe um abraço apertado e prontamente agradeceu por tudo.

Gustavo sabia que teria de tomar muitas providências. Aceitou de pronto o convite e foram os quatro para a casa dos filhos.

Chegaram já ao anoitecer. Roberto se sentia mais tranqüilo ao perceber que, mesmo não tendo conversado com Viviane sobre o assunto, tudo havia terminado bem.

Ficaram os três na sala conversando, enquanto Viviane preparava o jantar. De início Débora quis ajudá-la, mas Viviane achou melhor que ela ficasse junto de Roberto para matar um pouco mais da saudade que há muito tomava conta de seu coração.

Após o jantar, Viviane preparou um café e em seguida sentou para participar da conversa.

Pediu ao pai orientação do que deveria fazer a respeito das empresas e ficou muito feliz quando Gustavo disse que deixaria Débora à frente de tudo em Ribeirão Preto e permaneceria por algumas semanas no Rio de Janeiro para ajudá-los no que precisassem. Afinal, não seria justo deixar tudo na mão dos dois, mesmo porque Roberto trabalhava muito e Viviane não poderia deixar a empresa por muito tempo. Certamente a obrigação de dar andamento em tudo seria mesmo dele.

Conversaram até altas horas, depois foram descansar, pois no dia seguinte Gustavo viajaria para levar Débora e retornaria em seguida para dar andamento em tudo que fosse necessário.

Na manhã seguinte, quando Viviane e Roberto se levantaram, seus pais já haviam viajado, deixando apenas em cima da mesa da sala um bilhete escrito "Obrigado, filha, sempre soube que se um dia precisasse contar com o seu apoio, receberia de volta todo o amor que sempre ensinei e ofereci a você. Seu pai, Gustavo".

Viviane não teve vontade de sair de casa naquele dia, mas sabia que teria de fazê-lo, pois todos estariam à espera de que alguma mudança acontecesse depois do que havia ocorrido.

Arrumou-se e Roberto a deixou em seu trabalho. Beijando-a, perguntou se estava sentindo-se bem para encarar tudo o que teria de resolver naquele dia.

Roberto, não querendo ficar sozinho em sua casa, achou melhor ir direto para a clínica. Era a única maneira de não se atropelar ante todos os pensamentos que ainda teimavam em passar por sua cabeça.

No dia seguinte, Gustavo estava de volta ao Rio de Janeiro. Como não queria ficar na casa onde Clara havia morrido, achou melhor passar alguns dias com a filha, assim pelo menos teria companhia e outras pessoas para trocar idéias quanto ao desenrolar das decisões que teria de tomar.

Chegando, como Viviane não estava em casa, deixou as malas com a empregada; em seguida foi ter com a filha em sua empresa. Quando chegou, foi só alegria. Todos aprenderam a gostar e respeitar Gustavo, por ele ser um bom chefe e também um bom amigo. Enquanto dirigia seus negócios, sempre se preocupou em oferecer aos empregados um bom salário, e outros direitos; o que tornava seus negócios muito conceituada naquela cidade.

Logo chegou à sala de Viviane e com muito orgulho percebeu que tudo estava em ordem. Ela, mais que depressa, pediu para que seu pai se sentasse e colocou à sua disposição toda a documentação para análise do tempo todo em que estava sob o controle de tudo sozinha.

Gustavo, tirando o paletó, sentou-se e, depois de analisar todos os papéis, percebeu que os negócios estavam muito melhor do que ele mesmo esperava. Chamou um de seus melhores advogados, que já há muito tempo trabalhava para ele e pediu para que desse entrada nas papeladas do inventário. Não queria ficar muito tempo longe de Débora, nem tinha chegado direito e já sentia a saudade apertar em seu coração.

Conversando com Viviane, decidiu não vender aquela casa para ninguém. Nem ele e nem a filha aceitaram a idéia de ir morar lá. Como Débora já havia conversado com ele a respeito, resolveu que ofereceriam o local gratuitamente desde que alguém se propusesse ao trabalho de assistência aos menores abandonados da rua. Com isso conseguiriam dar o amparo e tirar das ruas várias crianças que não tiveram a sorte de poder ter uma família e uma vida próspera e feliz. Além disso, mesmo doando o imóvel, contribuiriam ainda todos os meses com uma importância razoável, que certamente ajudaria ao menos na alimentação dos menores.

Como já fazia muito tempo que Rodrigo e sua esposa trabalhavam na casa com Clara, por causa da dedicação dos dois, seria oferecido tanto a ele quanto à mulher, de papel passado, a casa onde moravam e também uma parte do terreno para que pudessem cultivar alguma coisa para seu próprio consumo.

Rodrigo agradeceu e pediu que se Gustavo não colocasse objeção gostaria, juntamente com sua esposa, de tomar a frente na assistência aos meninos de rua. Surpreso, Gustavo disse que não fazia objeções quanto a isso, apenas não sabia como ele conseguiria dar conta de tudo, pois sabia que Rodrigo teria certamente de trabalhar fora ainda por um tempo. Rodrigo disse que de início ficaria algum tempo parado até colocar tudo em ordem para o recebimento das crianças, depois sua mulher certamente o ajudaria até que ele pudesse assumir inteiramente o local.

Sem que ninguém soubesse, Gustavo dividiu seus bens em quatro partes iguais entre sua família. Débora receberia uma das partes, Viviane outra e Roberto a terceira parte; a quarta ficaria ainda em seu nome, pois se alguma coisa desse errado, teriam ainda a que recorrer.

Os dias se passavam, não demorou muito para que tudo realmente fosse solucionado. Viviane e Roberto, apesar de demonstrarem que não esperavam por nenhuma compensação, acabaram por agradecer e nem por um segundo foi discutido absolutamente nada a respeito da vontade de Gustavo.

Algum tempo se passou. Viviane não deixou de assumir seu lugar dentro das empresas e continuou a dar tudo de si, pois já havia adquirido muito amor, carinho e satisfação naquele trabalho.

Roberto, por sua vez, passou a trabalhar menos dentro do hospital. Agora que já havia conseguido seu equilíbrio financeiro, podia mais do que nunca oferecer seu trabalho gratuitamente para os mais necessitados. Passou a trabalhar três horas por dia, dia sim dia não na Casa de Amparo aos meninos de rua, sob a direção de Rodrigo. Por enquanto ajudava para que ficasse tudo pronto até o dia da inauguração, depois sabia que sua ajuda como médico seria muito bem-

vinda, além de ver nisso uma nova oportunidade para poder distribuir um pouco mais de seu amor pela medicina, pelas pessoas e pelos mais necessitados.
Em Ribeirão Preto, tudo estava correndo muito bem. Débora, por intermédio de conhecidos, conseguira uma colocação melhor, muito mais rentável para o marido de Juliana. Assim que pôde ligou para ela e fez o comunicado.
Foi o tempo necessário para que seu marido se desligasse do local onde trabalhava. Jéferson pediu para Débora que alugasse um imóvel próximo à sua casa, para que pudesse, já quando fosse a mudança, instalar-se melhor; mesmo porque ele não teria mais de quatro dias para começar em seu novo serviço.
Débora, por sua vez, sempre gostou de Juliana como se fosse sua filha. Saiu e, conversando com um corretor de imóveis das proximidades, comprou em nome de Juliana uma casa térrea com três dormitórios, um grande e dois médios, sala, cozinha, banheiro, área de serviço, garagem, etc. Muito bonita, sem contar que ficava a apenas dois quarteirões da casa de Débora.
Fazendo surpresa para os dois, Débora não avisou que tinha comprado um belo imóvel para eles; disse apenas que havia conseguido alugar uma casa um pouco longe da sua.
Jéferson, marido de Juliana, estava muito feliz, pois além de ir para um emprego melhor, não mais precisaria viajar por vários dias. Ficaria também mais perto de seus velhos pais, que moravam desde seu nascimento em Ribeirão Preto. Estavam então abertos para eles todos os caminhos, era apenas uma questão de colocar tudo na sua devida ordem e recomeçar.
Por muitas vezes ficou preocupado, depois da partida de Débora, em viajar e deixar Juliana sozinha, mas nada podia fazer. Tinha de trabalhar precisavam sobreviver. Não ganhava muito, mas sem filhos conseguiam viver em paz. Tanto Juliana quanto Jéferson sempre quiseram ter um filho, mas a situação financeira adiava mais e mais a chegada do bebê.
No dia marcado, Gustavo e Débora esperavam pelos amigos que viriam acompanhando o caminhão de mudanças. Quando chegaram, estavam felizes; era muito bom estarem juntos novamente.
Débora não havia falado da surpresa nem mesmo com Gustavo. Pediu para que eles a acompanhassem até a casa que havia alugado. Quando lá chegaram, os olhos de ambos se cruzaram como que di-

zendo "meu Deus, que coisa linda, teremos como pagar o aluguel de uma casa como esta", mas o silêncio foi maior.
Meio sem graça, Jéferson falou a Débora:
— Mas Débora, não é bem isso que esperávamos.
Débora, não deixando transparecer nada, respondeu:
— Por que não gostaram? Não é do agrado dos dois? Qual o problema?
Juliana, vendo que Jéferson ficou vermelho e sem coragem de expor seus pensamentos disse:
— Bem, Débora, é que por enquanto não temos como pagar o aluguel de uma casa tão linda.
Débora, pegando a documentação de dentro de sua bolsa, disse:
— Bem, é verdade, esqueci-me do principal. — Estendendo os papéis para a mão de Juliana, disse:
— Este é o meu presente para você, minha amiga, também para seu esposo, espero que tenham muita paz e também muita felicidade aqui neste lar.
Jéferson nem esperou pela reação de Juliana, que parecia estar muda e sem respostas; pegou o papel e quando leu, disse:
— Mas Débora, esta casa está no nome de Juliana, não sabemos o que dizer nem mesmo como poderemos um dia agradecer.
Débora respondeu mais do que depressa:
— Quem sabe me dando um afilhado ou uma afilhada o mais breve possível?
Então todos se abraçaram. Jéferson, mais que depressa, disse que já ia providenciar tudo para que o pedido de Débora fosse realizado.
Enquanto isso, no Rio de Janeiro, as coisas estavam estranhas. Sem motivo, de repente, Viviane passou a agir de maneira diferente, não oferecendo mais o amor e o carinho que oferecia a Roberto.
De início, ele pensou que pudesse ser algum problema na empresa, mas não conseguia entender; tudo parecia estar correndo tão bem, que ele não sabia o que pensar.
Viviane já pouco ficava em casa; ficava até mais tarde no serviço, como se assim não tivesse o desprazer de ficar com Roberto mais tempo; em algumas tardes saía para comprar roupas, jóias e outras coisas às quais até então nunca tinha dado valor.
Roberto, por sua vez, já havia conversado com Viviane para que tivessem um filho, agora já não tinham mais problemas finan-

ceiros. Também sua ajudante já estava na casa havia vários anos e caso tivesse de ajudar a cuidar da criança, não teriam problemas.

De início, Viviane aceitou, depois com o tempo procurava fugir da idéia, passou a arrumar desculpas para poder freqüentar a academia ao sair do serviço, coisas que nunca lhe chamaram a atenção.

Roberto estava muito triste e já não sabia mais o que fazer. Sempre evitava discutir com Viviane. Aos poucos, sem motivo a vida dos dois tornou-se um inferno.

Como desde o início de seu casamento sempre ficara na responsabilidade de Roberto evitar filhos, talvez fosse esse o momento para deixar fluir seu desejo de paternidade, quem sabe mudaria também o cotidiano de Viviane, e a faria mais feliz.

Não falou nada para ela; simplesmente passou a não evitar mais. Sem que ela se desse conta, começou em pouco tempo a sentir enjôos e a engordar.

Viviane, vendo que aquilo estava estranho, resolveu marcar consulta com um ginecologista para fazer alguns exames. Achava que estava engordando e não sabia direito por que não se sentia bem em fazer suas aulas na academia. Achou melhor se consultar.

No dia marcado para a consulta, Viviane saiu pela manhã e foi direto para o consultório médico. Quando chegou e passou pelos exames de costume, o doutor Marsílio achou que ela poderia estar grávida. Quando ela ouviu isso se assustou, pois esperava por tudo menos por uma gravidez. E agora, o que fazer?

Marcou os exames laboratoriais para a semana seguinte, afinal o médico poderia estar enganado.

Quando voltou para sua casa, já era tarde da noite. Nem comentou com o marido os acontecimentos daquele dia; achou melhor não dizer nada até que tivesse certeza.

Os dias se passaram, os exames de Viviane ficaram prontos e o resultado era o que ela temia: realmente estava grávida havia quase um mês e meio. Sua vista escureceu; se não se segurasse em uma mesa que estava colocada próxima à saída, teria caído.

Sem saber o que fazer, não entendia também por que tanta insatisfação. Daquele momento em diante passou a sentir raiva de Roberto, ele não perderia por esperar.

De volta para casa, nervosa, jogou o papel do exame sobre a mesa. Roberto, sem entender nada, pegou e leu o que estava escrito ali.

Foi tanta alegria ao saber que seria pai, que ele correu para abraçar Viviane. Ela, mais do que depressa, saiu correndo para seu quarto aos prantos e se trancou.

Roberto entristeceu-se, mas achou melhor esperar um pouco, mesmo porque não havia conversado com ela sobre a possibilidade de terem um filho naquele momento; chegou mesmo a ser egoísta, mas somente agiu assim pensando em mudar o rumo dos acontecimentos.

Na manhã seguinte, Roberto, que havia dormido na sala, acordou e Viviane ainda estava trancada em seu quarto. Foi para a cozinha tomar seu café da manhã. Glória, sua empregada, pediu licença para poder conversar um pouco com ele:

— Senhor Roberto, gostaria de falar com o senhor.

Roberto, aproveitando ainda estar sozinho, pediu para que Glória sentasse junto dele; enquanto tomassem o café da manhã para poderem então conversar mais à vontade.

— Sabe, sr. Roberto, nunca quis falar nada para o senhor, mas vejo que agora não tem mais jeito; ela vai terminar acabando com a vida dela.

Roberto, assustado, disse:

— O que está falando, Glória?

Glória respondeu meio sem graça:

— A mãe é que está metida nisso, o senhor ainda não percebeu?

Roberto perguntou então:

— Como assim? Eu não estou entendendo, explique-se melhor.

— Certo, sr. Roberto; o espírito de dona Clara está às voltas com a filha desde que ela fez a passagem. Ela ainda não aceitou sua morte, e quer vingar-se de todos vocês.

— Mas Glória de Deus, isso pode acontecer?

— Pode sim, sr. Roberto, não só pode como está acontecendo.

— Será possível? Meu Deus!

— O senhor não notou a mudança de sua mulher tanto dentro como fora de casa? Nunca passou pela cabeça do senhor que ela mudou muito, está muito diferente, mas não para o bem e sim para mal?

— Bem, de determinada forma sim, mas é difícil acreditar nisso.

— Sr. Roberto, não acha que da noite para o dia sua mulher está cada vez mais parecida com a mãe?

— Bem, é verdade mesmo. Isso eu não posso negar.
— É isso aí! Ou o senhor pede para afastar a mãe de sua mulher, ou o senhor me desculpe, mas vai ficar viúvo logo.
— Credo, Glória, que assunto tétrico!
— Bem, se o senhor quiser conversar mais sobre isso, não esqueça eu estarei aqui, mas se eu fosse o senhor não esperaria muito não; nesses casos o tempo tem uma importância muito grande.
Glória, dizendo isso, levantou-se e saiu para a cozinha. Roberto continuou assustado, sem entender muito sobre o que tinha ouvido, pois, apesar de sua mãe ser espírita, ele nunca havia estudado a fundo sobre o espiritualismo, e principalmente sobre o que Glória havia dito: encosto.
Naquele instante, Viviane desceu as escadas. Já tinha tomado seu banho, e arrumada, estava mais linda do que nunca.
Pela primeira vez, Roberto olhou fundo nos olhos dela e estremeceu. Parecia mesmo que sua mulher estava estranha. Viviane, sem nada falar, apenas tomou um gole de café e saiu.
Roberto, surpreso pela atitude dela, continuou sentado como que procurando entender o que se passava na cabeça de sua esposa. Estava mesmo muito diferente.
Depois de algum tempo, levantou-se e foi até o escritório dela para tentar conversar um pouco. Quando chegou, foi informado pela secretária que Viviane estava em uma reunião e que demoraria algumas horas para atendê-lo. Pensou melhor e resolveu ir para o hospital. Quem sabe trabalhando esqueceria tudo e quando voltasse para casa Viviane fosse procurá-lo para se desculpar do acontecido na noite anterior.
Por um lado, ficou feliz porque em breve seria pai; por outro, infeliz porque seu casamento estava indo por água abaixo.
Tudo mudou realmente... Tão depressa e tão sem motivos... Agora que tinham tudo para serem ainda mais felizes.
Não entendia por que quando jovens Viviane sempre dizia que seu maior sonho era ser mãe e agora, grávida, estava agindo assim.
Tinha medo de que com tanta irritabilidade a criança ainda no ventre da mãe sofresse algumas conseqüências e tivesse problemas. Mesmo para Viviane era perigoso, pois ela já não era tão jovem e sua gravidez era de risco de uma determinada forma.
Sem saber o que fazer, pois não conseguia colocar seus pensamentos em ordem, inquieto, agitado e até mesmo irritado, achou melhor ir embora para casa, e assim o fez.

Quando chegou na residência, já eram quase duas e meia da tarde. Glória quando o viu foi logo passando um café fresco para servi-lo na sala. Ao chegar na sala com a bandeja, Roberto pediu para que ela fosse pegar mais uma xícara e voltasse para conversar um pouco mais com ele.

Assim que ela se sentou, Roberto perguntou:

— O que mais sabe do que está acontecendo? Nunca fiquei sabendo que você era espírita, pois nunca a vi saindo para freqüentar local nenhum.

— Bem, sr. Roberto, desde pequena meus pais trabalhavam no Kardecismo. Durante toda minha juventude, vivia dentro de um centro acompanhando meus pais. Por isso, muitas horas de minha vida passei dentro de um centro; aos poucos fui aprendendo o significado de tudo o que acontecia lá dentro. Quando eu tinha 14 anos, já tinha uma espiritualidade à flor da pele e comecei a enxergar espíritos que não estavam na sala. Vinham e de repente sumiam, quando falava percebia que apenas eu e mais ninguém tinha visto. Aos poucos fui me acostumando com isso, por isso falei da mãe dela. Vejo-a sempre junto de dona Viviane. Ela está usando a filha para poder vingar-se do senhor.

— Mas por que eu?

— Bem, na verdade acho até que ela queria vingar-se do sr. Gustavo e de sua mãe, mas eles têm uma energia muito boa. Sei que eles tomam conta de uma casa de caridade e ela não está conseguindo aproximar-se deles. Acho, sr. Roberto, que os espíritos protetores da casa não deixam, sei lá.

— Mas por quê? Viviane não é filha dela?

— Não, sr. Roberto, o senhor sabe que na verdade não é não.

Roberto abaixou a cabeça pensativo. Sabia que aquela mulher estava certa em muitas coisas.

Pensava em Clara, mas não aceitava ela se voltando contra a própria filha. Será que ela era tão ruim assim?

— Bem, sr. Roberto, estão aqui me falando que não é que ela é muito ruim; é apenas um espírito pouco esclarecido, que nunca se abriu para o verdadeiro amor aos outros irmãos. Estão dizendo que ela falhou na missão que aqui veio para passar. Estão dizendo que no meio do caminho até tentaram ajudar, mas de nada adiantou. Ela fez sua passagem da pior maneira para um ser humano. Isso é muito ruim para o espírito; é preciso muita prece, muita luz e trabalhos para encaminhar o espírito dela.

Nesse momento, era como se a mente de Roberto se abrisse para um problema que até então parecia inexistente.
Roberto, com algumas lágrimas nos olhos, perguntou a Glória:
— Então se for isso mesmo, o que devo fazer?
Glória pensou um pouco, aguardando certamente a orientação do alto, e respondeu:
— Eles dizem para que o senhor vá procurar sua mãe; ela saberá o que fazer.
Depois de responder à pergunta de Roberto, glória achou melhor sair da sala e deixá-lo sozinho com seus pensamentos um pouco mais.
Roberto ainda ficou sozinho naquela sala por quase duas horas; depois foi tomar seu banho, vestiu-se muito bem e ficou à espera de Viviane para jantar.
Viviane não conseguia trabalhar direito, pois sua mente já não tinha o sossego e a tranqüilidade de antes. Não queria esse filho e nem mesmo sabia por quê. Depois de pensar aquela tarde toda, achou melhor tirar aquela criança. Tudo seria feito com tranqüilidade, Roberto teria de aceitar.
À noite, quando chegou em casa, Roberto estava à sua espera. Não sabia o que falar para ele e se dirigiu aos acontecimentos do dia anterior então nem. Aqui como se nada tivesse acontecido. Disse que não queria aquele filho, pois ainda não estava preparada para ele e queria fazer um aborto.
Roberto não acreditava no que estava acontecendo, parecia mesmo que não era sua mulher que estava ali. De início pensou até em bater nela, mas em seguida recuou, pois não tinha sido educado para aquele tipo de coisa.
Bastante descontrolado, resolveu arrumar as suas coisas e ir embora dali. Não queria participar daquilo, isso era muito para ele.
Enquanto Roberto arrumava as coisas para ir embora, Glória ajoelhou e pediu aos céus por aqueles dois, e, depois de muito pedir, Viviane via o marido sair de vez de sua vida e nada conseguia fazer; não tinha forças para nada mais, não entendia por que tudo estava mudando em sua vida. Até Roberto, homem a quem sempre amou, tinha ido embora de sua vida, sabe-se lá se para sempre.
Com as preces aumentando a energia positiva em volta dela, por minutos Viviane voltou a sua própria consciência a respeito do que estava acontecendo com ela. Chorava, mas já era tarde. Esperava então que Roberto se arrependesse e voltasse para junto dela.

Sem saber que rumo tomar, Roberto pegou o carro e foi para a casa de sua mãe, como Glória havia aconselhado. Antes de sair da residência, pediu para que ela tivesse paciência com Viviane e não a abandonasse. Logo que fosse possível daria notícias.

Quando chegou a Ribeirão Preto já eram mais de oito horas da noite. Quando Débora viu seu filho chegar, assustou-se, pois nem ao menos ele havia avisado que iria, e também por estar sem a esposa.

Débora já estava quase terminando de fazer o jantar, quando Gustavo entrou com Roberto. Sua mãe, mais do que depressa, perguntou se havia acontecido alguma coisa. Para não preocupá-los, ele achou melhor dar um tempo para depois conversar.

Sempre soube que em sua mãe poderia encontrar o consolo e a ajuda quando procurasse. Disse então que apenas tivera de fazer uma visita a um dos laboratórios com o qual trabalha e aproveitou, já que estava perto, para conversar e passar a noite com eles.

Gustavo, intrigado, estranhando tudo aquilo, perguntou:

— Por que não aproveitou para trazer Viviane?

Roberto achou melhor não dar muitas explicações naquele instante, pois já estavam muito próximos ao jantar e apenas respondeu:

— Ela tinha compromissos inadiáveis na empresa.

Gustavo sabia que Roberto estava escondendo algo, mas respeitou seu espaço e silenciou.

Jantaram, e como havia muito tempo que Roberto não saboreava a comida de sua mãe, comeu bastante.

Após terminarem, foram para a sala para conversar um pouco mais. Roberto sabia que aquele era o momento; não poderia esperar mais.

Sentia em seu coração que não teria mesmo como fugir daquela situação, afinal tinha ido lá realmente para isso. Abaixando a cabeça silenciosamente, pediu a Deus para que lhe desse forças para falar tudo o que devia naquele momento.

Gustavo, percebendo que alguma coisa não estava indo bem, perguntou novamente a Roberto, procurando ajudá-lo a colocar para fora algo que o estava preocupando.

Dessa vez, Roberto aproveitou a oportunidade e, devagar mas minuciosamente, colocou-os a par dos acontecimentos no Rio de Janeiro e não omitiu nada, para que pudessem, de alguma maneira, ajudá-lo.

Foram muitas as perguntas vindas tanto de sua mãe como de Gustavo; tantas que Roberto pediu para que fossem com calma, pois

caso contrário não conseguiria passar a contento os últimos acontecimentos.
Com mais calma, esperaram até que Roberto dissesse tudo. Em seguida, Gustavo perguntou a Roberto:
— O que você está pensando em fazer?
— Não sei; vim até aqui por acreditar que vocês possam ajudar-me.
Débora, percebendo o que estava acontecendo, pediu para o filho que ficasse lá alguns dias a mais para poderem esclarecer melhor o que deveria ser feito para ajudarem Viviane.
Já era tarde da noite quando foram dormir. Naquela noite, nem Débora nem Gustavo conseguiram pregar os olhos. Percebiam a intensidade do que estava acontecendo. Sabiam que Viviane poderia estar sendo perturbada por algum espírito; temiam que pudesse ser o de Clara, mas teriam de esperar até o outro dia de qualquer maneira, pois, como todos os sábados havia reuniões em sua Casa de Caridade, quem sabe tudo começaria a ser esclarecido.
Na manhã seguinte, depois de tomar o café da manhã, Roberto aproveitou para ficar mais perto de sua mãe. Enquanto recolhia as louças do café, procurava ajudá-la, não deixando de tirar todas suas dúvidas em relação à espiritualidade. Tinha por sua mãe tanto o respeito de mãe como o da mulher médium, pois sempre via o sacrifício que ela fazia para poder ajudar as pessoas mais necessitadas quando solicitada.
Gustavo chegou e, interrompendo a conversa, disse:
— Vamos deixar essa conversa para depois! Venha comigo dar uma volta pela cidade. Logo voltaremos para almoçar, está bem? — Olhando para Débora, deixou perceber que tentaria fazer Roberto distrair-se um pouco; sentia-o tenso demais e isso não seria bom para o trabalho que realizariam naquela noite.
Ficaram um bom tempo passeando pela cidade; já era mais de uma hora da tarde quando voltaram para almoçar. Apesar de mais tranqüilo, Roberto ainda trazia em seu rosto sinais de preocupações. Almoçaram e depois Gustavo e Roberto foram à sala conversar um pouco, enquanto Débora colocava tudo em ordem.
Gustavo procurou, aos poucos, fazer Roberto entrar novamente no assunto. Débora já chegava com o café, serviu-os e sentou-se ao lado de Gustavo para também participar.

Tentaram adiantar a Roberto o que poderia estar acontecendo com Viviane; ele, por sua vez, aceitava bem a idéia, mas queria que fosse feito o possível para ajudá-la dentro da espiritualidade.

Estavam conversando, quando Juliana e Jéferson chegaram. Mais do que depressa, procuraram mudar de assunto, para deixar Roberto menos envergonhado com toda aquela situação.

Ficaram algumas horas por lá e depois aproveitaram o fim de semana para visitar os pais de Jéferson.

Antes que Juliana saísse, Débora perguntou se ela iria à noite aos trabalhos. Juliana, percebendo alguma coisa estranha, prontamente disse que sim e que depois conversariam.

Débora pediu para que Roberto fosse deitar um pouco para descansar. Precisaria que ele se tranqüilizasse ainda mais, para poder ajudar dentro dos trabalhos que seriam feitos naquela noite.

Às sete horas da noite, todos chegavam ao centro espírita. Já havia várias pessoas esperando sentadas em seus lugares, e muitas estavam em preces tentando colocar-se em um nível vibratório ainda melhor.

Débora pediu para que o filho naquela noite fizesse companhia a eles à mesa. De início, Roberto se assustou, pois não tinha o costume de participar desse tipo de trabalho, mas faria o possível para colocar tudo em sua vida no lugar.

Assim que chegou, Juliana sentou-se ao redor da mesa e Jéferson ficou em um dos lugares na assistência que ainda estava vago. Juliana procurou então juntar-se aos outros, para auxiliar também nos trabalhos daquela noite.

Após apagarem-se as luzes, foi acesa uma lâmpada vermelha bem fraca, deixando quase na penumbra o local para o trabalho. Gustavo deu início à sessão, lendo o Evangelho que havia separado para explicar naquela noite. Em seguida, foi pedido para que cada um desse a palavra para seus mentores, ou mesmo para qualquer espírito que viesse a necessitar da doutrina daquele trabalho.

Aos poucos, um por um recebia algum mensageiro espiritual, aproveitando para reforçar de outra maneira o que havia sido lido por Gustavo; outros davam passagens a espíritos que há muito esperavam para poder ter a chance de visitar e ser beneficiado por mentores daquela casa.

Já em meio ao trabalho, chegando a vez de Juliana, a energia mudou completamente, fazendo seu aparelho bater muito na mesa e aos gritos. Coisa que costumeiramente Juliana conseguia controlar, naquela noite necessitou de muita ajuda e reforço para poder levar mais tranqüilamente aquela incorporação.

Débora logo percebeu o que deveria estar acontecendo, pois havia pedido para todos os mentores daquela casa a oportunidade de ajudar seu filho.

Pegou as mãos de Juliana, pediu reforço para outros dois médiuns da casa e se colocou em preces. Aos poucos Juliana se tranqüilizava, mas nada dizia. Em seguida, Débora pediu para quem estivesse ali naquele momento, para que desse sua palavra. Sabia que apenas dessa maneira poderiam fazer algo por aquele espírito tão perturbado.

Aos poucos, podiam ser ouvidas as seguintes palavras: *"Vou vingar-me de vocês dois. Mesmo que não consiga isso agora, pelo menos já consegui estragar a vida de seu filho".*

O silêncio era geral. Por alguns segundos, Gustavo quase perdeu o controle. Sabia quem estava falando naquele momento. Necessitou de muito esforço para não perder seu equilíbrio como dirigente da mesa.

Débora, mais acostumada a esse tipo de coisa, mesmo assim não se sentia totalmente segura, fato que fazia com que não tivesse a argumentação necessária para doutrinar aquele espírito.

Naquele momento, como se estivesse adivinhando o que aconteceria, ou mesmo por força divina, Estela pediu para que Débora fosse sentar-se e assumiu seu lugar no encaminhamento daquele espírito.

O diálogo então iniciou-se. Estela perguntou:

— Quem é você, pode responder-me?

— *Claro que posso, não está ouvindo minha voz? Sou a infortunada de quem essa desgraçada roubou o marido, mas ela não perde por esperar.*

— Bem, Clara, primeiramente sinto informar-lhe que a voz que ouço não é a sua, mas sim de uma das médiuns que se propôs a ajudar-nos nesta noite; em seguida, temo que você não cumpra o que está prometendo, pois agora mesmo encaminharemos você para um local onde será doutrinada e receberá ensinamentos para que com o tempo evolua e passe a cuidar com mais amor deste espírito há tanto tempo necessitado.

— *Mas como pode você estar contra mim? Não percebe que ela é que não presta, roubou o meu marido e você ainda diz que eu sou culpada? Que tipo de ajuda é essa sua?*

— Clara, estamos em uma casa de caridade, como você mesma vê; um local onde nos reunimos semanalmente para nossos trabalhos. Quero dizer a você que na verdade ninguém nos rouba aquilo que já não temos mais. Um mentor está passando para mim, neste momento, que tanto seu marido como aquela a quem você chama de outra, em muitas encarnações deveriam ter ficado juntos. Ambos tinham um bonito trabalho espiritual a ser feito aqui na Terra. No entanto, você em seu egoísmo sempre atrapalhou, colocando-se à frente dos dois em coisas que não os possibilitassem mais ficar juntos aqui na Terra. Como vê, ninguém o roubou de você. Demorou, mas eles conseguiram com a ajuda de Nosso Pai Jesus dar início ao que haviam prometido por várias vezes no plano espiritual.

Nesse momento, Clara fez com que seu aparelho movimentasse de certa forma o braço da médium, derrubando o vaso que estava com as flores em cima dela.

Nisso, uma outra irmã que não participava dos trabalhos prontamente secou o local e substituiu a água do vaso.

Enquanto isso, Clara dizia a todos que quisessem ouvir: — *Não adianta tentarem enganar-me, sei que posso estragar tudo o que quiser, desde que consiga fazer com que entrem em minha energia; depois disso, está no papo.*

Estela, muito cautelosa em suas palavras, disse:

— Bem, irmã, aceite de nós a ajuda que mesmo não estando aqui para isso, sabemos que precisa, para que um dia ainda seu espírito possa trabalhar também pelo bem da humanidade.

— *Que humanidade, que nada! Estou indo agora mesmo infernizar a vida daquela outra. Vou fazer de tudo para que até esse outro otário chegar lá, ela já tenha tirado o bebê.*

Nesse momento Roberto gelou, abaixou a cabeça e, sem que pudesse evitar, lágrimas de tristeza rolavam pela sua face.

Estela, experiente em lidar com aquele tipo de espírito, mais que depressa pediu para que os mentores da mesa, se necessário, o levassem à força e o segurassem por lá até que ele aprendesse a amar ao próximo e a respeitar seus outros irmãos que muito o ajudaram enquanto ele deveria estar cumprindo sua missão na Terra.

Naquele instante, Juliana estremeceu. Em seguida, dava passagem para um outro espírito, dessa vez de muita Luz.

Estela sentou-se novamente e por intermédio de Juliana, a mãe de Débora conseguiu falar:

"Boa noite, queridos irmãos.

Aqui estamos hoje para ajudar em mais esse trabalho de desobcessão, dessa vez de um espírito que já há muitas encarnações não conseguiu cumprir o que tinha como meta enquanto encarnado na Terra. Graças ao Senhor Jesus é chegada a hora, pois Ele não poderia, dentro de tão infinita bondade, permitir que tal espírito vazio, que há muito poderia ter sido ajudado por nós, conseguisse enfim o seu intuito.

Hoje venho até esta casa mais uma vez, para dizer que tudo correu da maneira que deveria; se tudo aconteceu dessa forma é porque foi preciso um pouco mais de sofrimento e aprendizado para todos.

Estaremos, sempre que nos for permitido, fazendo parte desta corrente espiritual.

Permitam-me dirigir-me com mais proximidade daquela por quem na Terra dediquei quase toda uma vida. Minha filha:

— Que as graças do Nosso Mestre Jesus inunde tanto o seu coração de bênçãos, para que não se desvirtuem naquilo que foi determinado por nosso Pai. Em breve terá uma grande alegria, e nós aqui do plano espiritual, enquanto isso, estaremos a postos para qualquer outra tentativa de aproximação desse espírito. Fique em paz, na graça daquele que muito vos ama, Jesus. A todos os outros que consigam dentro do merecimento de cada um, o que aqui nessa casa vieram buscar. Até outra oportunidade".

Em seguida, Gustavo dava como encerrados os trabalhos daquela noite.

Roberto não via a hora de poder conversar a sós com sua mãe. Esperou para que todos saíssem e nem aguardou a chegada em casa e já foi enchendo sua mãe de perguntas:

— Era mesmo Clara que esteve lá?

— Sim, filho, mas agora você já pode dormir em paz, pois o plano espiritual já encaminhou de vez aquele espírito. Creio que não teremos mais problemas com ele.

— Mas eu não entendo em que isso irá ajudar em relação ao meu casamento. Viviane mudará?

Débora, percebendo que não adiantaria falar muitas coisas sobre aquele acontecimento, em razão da falta de conhecimento do filho, respondeu:

— Não irá mudar, apenas Viviane voltará a ser o que sempre foi, ou seja, uma boa filha e uma boa esposa.

Já se via nos olhos de Roberto uma luz de esperança que inundava seu olhar. Não via a hora de voltar para casa. Débora pediu para que ele ficasse ainda por mais alguns dias. Viviane agora estava recebendo cuidados do plano espiritual. Precisaria apenas de um pouco mais de tempo para tudo se normalizar. Débora sentia que seria bom para ambos uma breve, mas significativa separação.

Foram para casa, já era tarde. Gustavo e Roberto conversavam na sala enquanto Débora arrumava alguma coisa para comerem antes de dormir. Como a cozinha não era longe da sala, não deixou de ouvir, alegremente, as perguntas do filho para Gustavo.

Pouco a pouco, sentia que com algumas explicações de Gustavo para Roberto, ele se aquietava cada vez mais. Demonstrava interesse na conversa, quem sabe um dia daria continuidade ao que tinha aprendido ali.

Roberto sempre foi um bom rapaz. Mesmo não sendo da religião espírita, era um espírito iluminado, sempre procurava ajudar a qualquer um, sem medir esforços nem conseqüências.

Débora sabia que daquele dia em diante muitas coisas poderiam mudar. Chamou-os e, antes de lancharem, sentaram-se à mesa e ainda uma vez mais agradeceram ao Senhor por tudo o que haviam conquistado, graças à grandiosidade do amor de Jesus por todos.

Roberto aceitou a idéia de ficar mais alguns dias ali, mesmo porque tinha plena convicção de que Viviane estaria em boas mãos. Agora percebia que se não fosse o bom senso e a sabedoria de Glória as coisas teriam caminhado para um final bem pior.

Nos dias que se seguiram, procurou distrair-se um pouco, fazendo algumas compras e também indo visitar alguns conhecidos de sua mãe; até mesmo tiraram uma tarde toda para passear na casa de Juliana.

Em um sábado pela manhã, dois dias antes de Roberto voltar para casa, Jéferson passou na casa de Gustavo e convidou-os para um churrasco em sua casa. Débora estranhou, mas Juliana disse que seria para comemorar todos os bons acontecimentos desde que haviam se mudado para lá.

Na hora marcada, foram para a casa de Juliana. Quando chegaram, já estava quase tudo pronto, e logo de cara tiveram uma grande surpresa, pois Juliana havia convidado sua tia Aldinéia e sua prima Cristina.

Foi realmente um encontro maravilhoso, cheio de bons fluidos e boas energias. Logo depois do almoço, Juliana aproveitou que estavam todos reunidos para dar a boa notícia para todos, principalmente para Jéferson. Pedindo atenção, disse:

— Bem, já que estamos todos reunidos neste dia, aproveito então para comunicar que em breve nossa família irá aumentar.

Jéferson, sem entender nada, com cara de bobo, perguntou:
— Como assim?
Juliana, muito feliz, respondeu:
— Bem, seu bobo, você vai ser papai.

Nesse momento, Jéferson não se conteve de tamanha felicidade. Era tudo o que ele mais queria em sua vida e Juliana também. Gustavo e Débora abraçaram os dois com imensa alegria, e Roberto os cumprimentou formalmente, pois, lembrando-se do problema que havia em sua casa, não se sentia muito feliz.

Mesmo assim, em meio a tanta alegria, a tristeza de Roberto passou quase despercebida, o que de certa forma foi muito bom.

No dia de sua volta para o Rio de Janeiro, sua mãe havia dito que, caso alguma coisa não desse certo, poderia chamá-los que iriam até lá, mas acreditva que Viviane não teria mais problemas.

Roberto já estava saindo de carro, quando Gustavo pediu para que, assim que ele chegasse, avisasse como estava a situação e sempre que possível o deixasse a par dos acontecimentos.

Era noite quando chegou em casa. Viviane já estava dormindo, apenas Glória se encontrava acordada.

Assim que chegou e colocou seu carro na garagem, Glória foi recebê-lo com alegria e satisfação. Abrindo um belo sorriso, disse a Roberto:

— É, pelo visto o senhor já deu um jeito na situação, não é mesmo?

— Por que pergunta isso, Glória?

— Porque aqui em casa tudo voltou à paz. Dona Viviane já não está com aquela mulher junto dela, e já faz alguns dias que somente sai de casa para trabalhar, trouxe até serviço para casa. Não passa nem três horas fora de casa sem me ligar e perguntar se o senhor telefonou. Agora é mesmo a dona Viviane, com aquela bondade e formosura que sempre foi.

Roberto sentiu-se mais aliviado, pois, mesmo confiando na espiritualidade, tinha receio de que nunca mais as coisas voltassem a se normalizar dentro de sua casa. Mas somente ficaria feliz quando conversasse com Viviane. Ainda tinha medo de que, influenciada por aquele espírito, ela tivesse feito alguma coisa pela qual certamente se arrependeria pelo resto de sua vida.

Enquanto ia para seu quarto, não vendo a hora de encontrar-se com Viviane, seu pensamento vagava em meio à certeza de que se deve sempre viver de uma maneira de modo que não levemos nada mal resolvido para o outro plano da vida.

Roberto agora sabia que, certamente, em algum momento sendo ultrapassado o muro que separa a vida da morte, o devedor, mesmo em sua inconsciência, deverá pagar por tudo o que não soube fazer bom uso em seu livre-arbítrio. Sabia que apenas conseguira a ajuda do plano espiritual por se fazer merecedor, e Viviane também.

Quando entrou, não teve tempo de dizer nada a ela, pois Viviane percebeu e reconheceu aqueles passos, e já estava levantando-se da cama para aquele encontro.

Assim que abraçou Roberto, disse:

— Nosso filho esperou muito por você, querido. Nunca mais nos deixe só.

Roberto mais uma vez deu vazão a todo aquele sentimento de agradecimento e amor, o que fez seu espírito, dentro de sua evolução e de seu aprendizado, usufruir dias bem gratificantes rumo a um futuro muito melhor.

Leitura Recomendada

Nada Ocorre por Acaso
Obra Mediúnica do Grupo Espiritual Eterno Alento — Médium: Áurea Luz

Nada Ocorre por Acaso é um romance encantador que sintetiza a "passagem" numa ocorrência natural de nossa evolução, incapaz de separar almas afins. Você vai se emocionar com essa história!

Entre o Amor e o Ódio
A Saga Romântica de Dois Espíritos Apaixonados
Valéria Lopes

Na França de 1510 uma jovem foi queimada nas fogueiras da Inquisição, como bruxa. Tempos depois, seu espírito imortal, dividido entre o amor e o ódio, clama por justiça...

Quando Nada Importa
Só o amor pode iluminar os corações rancorosos
Valéria Lopes

Após hipotecar sua fazenda, o poderoso coronel Rodolfo não imaginava que Frederico soubesse de seu vício em jogos e que a situação financeira de sua família era precária. Assim, o esperto milionário usou de todos os recursos para afundar o coronel em dívidas incalculáveis, fazendo-o perder até a casa onde morava. Como se não bastasse, Frederico exigiu casar-se com Lucya, a filha mais velha de Rodolfo, como parte do pagamento do saldo devedor.

Filósofo, O
Histórias de um Pequeno Pensador
Rosabela Paz

Após cinco anos na espiritualidade, Mel ditou este livro, no qual relata a sua vida no mundo espiritual e, especialmente, o seu encontro e sua convivência com Merlos, um escocês que desencarnou ainda criança em um acidente de trem.

Leitura Recomendada

REFLEXOS DE UM PASSADO
Nilton de Almeida Junior

Amanda, Urânia, Humberto, Sandra, Heitor, Zuma e Muzala são os personagens centrais de uma história que tem início há várias encarnações e envolve o problema da obsessão.

Ressalta que somente o amor e a intervenção da espiritualidade superior podem trazer o perdão e a cura, mostrando-nos que as felicidades ou infelicidades do nosso presente nada mais são do que reflexos do passado.

MORTE É SIMPLE MUDANÇA, A
A História do Barco de Lill — Mensagens Psicografadas por Chico Xavier
Dr. Flávio Mussa Tavares

Embora a autoria titular seja de Flávio Mussa Tavares, podemos dizer que ele desenvolveu este trabalho na parceria de Chico Xavier, uma vez que traz mensagens de Carlinhos, irmão de Flávio, e de seu pai, Clóvis Tavares, psicografadas pelo médium.

TRAÇOS DO INFINITO
Francisco Gallo Neto

Ser um artista plástico famoso era o sonho de Honório, que, após anos de estudos, finalizou sua primeira obra-prima e partiu para o seu desafio maior: tornar o seu trabalho conhecido. Mas quão imprevisível é o futuro e, ignorando o sinal vermelho, o carro de Honório choca-se com um ônibus e o jovem artista desencarnou nesse trágico acidente.

ALMAS ETERNAS
Dois Espíritos na Busca de seu Amor Infinito
Valéria Lopes

O cenário é a portentosa Paris, onde, numa bela mansão, viviam os pequenos gêmeos Bárbara e Leonardo, unidos por um grande amor espiritual e recebendo o carinho de Lia, a mãe dedicada que ficou viúva muito nova, e de Margareth, uma abnegada amiga da família.
Um enigma, porém, envolvia aquela família, cujos ancestrais viveram no sul da França: uma maldição caíra na vida de todos, fazendo com que os Werck morressem de maneira trágica e misteriosa.

MADRAS® Editora — CADASTRO/MALA DIRETA

Envie este cadastro preenchido e passará a receber informações dos nossos lançamentos, nas áreas que determinar.

Nome _____

RG _____ CPF _____

Endereço Residencial _____

Bairro _____ Cidade _____ Estado __

CEP _____ Fone _____

E-mail _____

Sexo ❑ Fem. ❑ Masc.   Nascimento _____

Profissão _____ Escolaridade (Nível/Curso) _____

Você compra livros:

❑ livrarias   ❑ feiras   ❑ telefone   ❑ Sedex livro (reembolso postal mais rápido)

❑ outros: _____

Quais os tipos de literatura que você lê:

❑ Jurídicos   ❑ Pedagogia   ❑ Business   ❑ Romances/espíritas

❑ Esoterismo   ❑ Psicologia   ❑ Saúde   ❑ Espíritas/doutrinas

❑ Bruxaria   ❑ Auto-ajuda   ❑ Maçonaria   ❑ Outros:

Qual a sua opinião a respeito dessa obra? _____

_____

Indique amigos que gostariam de receber MALA DIRETA:

Nome _____

Endereço Residencial _____

Bairro _____ Cidade _____ CEP _____

Nome do livro adquirido: ***Fagulhas de uma Paixão***

Para receber catálogos, lista de preços e outras informações, escreva para:

MADRAS EDITORA LTDA.
Rua Paulo Gonçalves, 88 — Santana
CEP: 02403-020 — São Paulo/SP
Caixa Postal: 12299 — CEP: 02013-970 — SP
Tel.: (11) 6959-1127 — Fax: (11) 6959-3090
www.madras.com.br

Este livro foi composto em Times New Roman, corpo 11/12.
Papel Offset 75g – Bahia Sul
Impressão e Acabamento
Gráfica Palas Athena – Rua Serra de Paracaina, 240 – Cambuci – São Paulo/SP
CEP 01522-020 – Tel.: (0_ _11) 3209-6288 – e-mail: editora@palasathena.org